無理なくデキる教師になれる▼スマート仕事術

# 仕事は要領！

段取り・計画が苦手！だから…

俵原 正仁 著



明治図書

はじめに

# 子どもの頃、夏休みの宿題をためていた人は、教師になってもそのまま（笑）

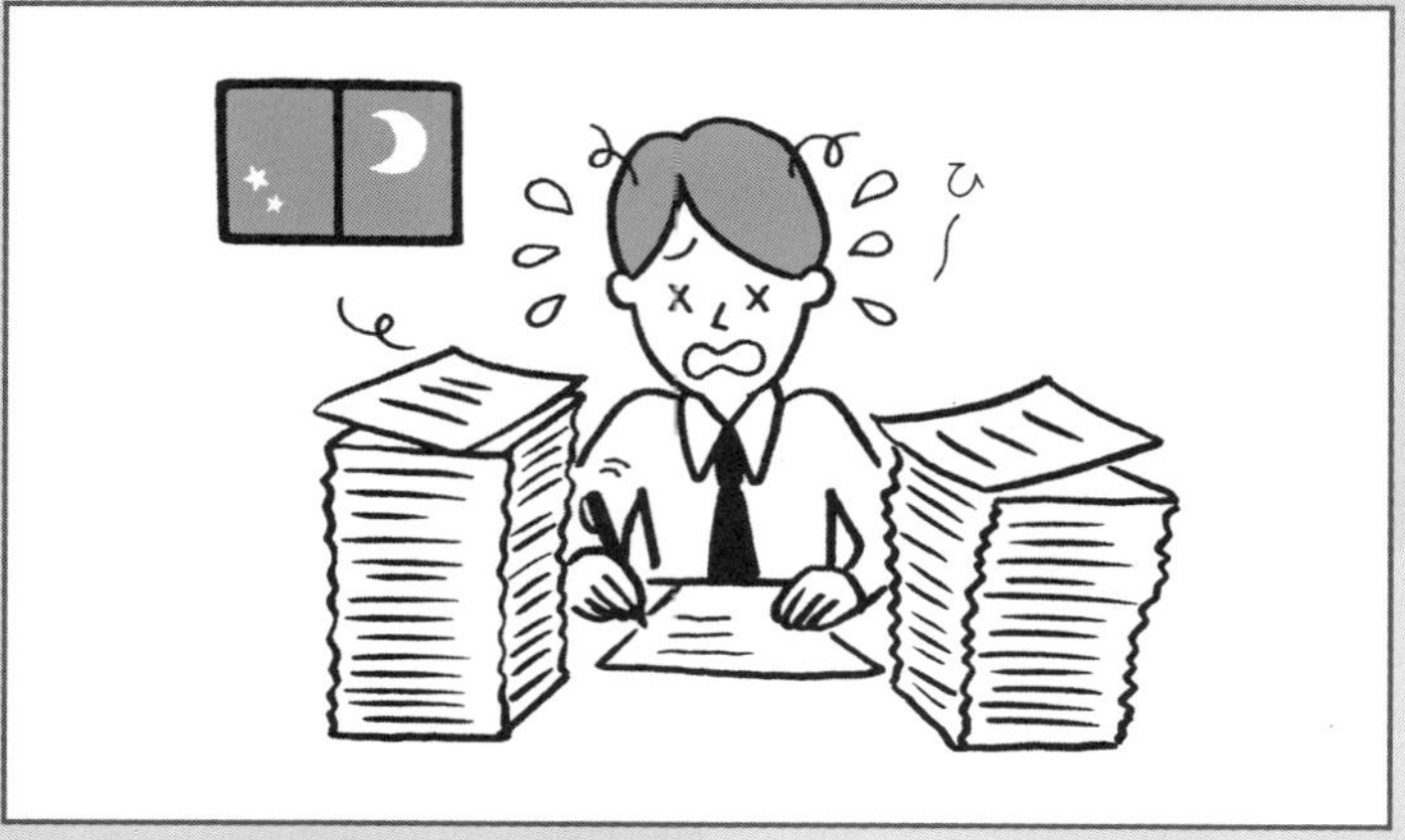

## 人は、そう変わらない

あなたは小学校の頃、どんなお子さんでしたか？

私は、「今年こそ、7月中に夏休みの宿題を終わらせるぞ。」と、夢と希望に満ち溢れた思いで夏休みを迎えるものの、8月最終日には大慌てするというルーティンを毎年繰り返す、カツオくんのような子どもでした。

「毎日プリントを8ページすれば、10日もあれば80ページ終了。楽勝やん。」

というように、一応計画は立てるものの、計画通り実行ができない子どもだったのです。

「たーくん、遊ぼ。」

小学校の頃から、「誰の挑戦でも受ける」という猪木イズムをもっていた私は、友だちの誘いにホイホイのってしまいます。

「明日、16ページすればいいや。」

という安易な考えで、やるべきことを先送り。こんな調子ですから、キャンプ、イベント、スイカ割り……と、その後も夏休みの大切な思い出はどんどん増えていくものの、宿題は手つかずで8月最終日を迎えるのも、「さもありなん」なわけです。

実は、子どもの頃の私は、密かな期待をしていました。

「大人になれば、段取りを組んで、計画通りに物事を進めることができるようになる。」歳をとれば、自動的に中身もアップデートされると思っていたのです。

もちろん、神様は、人間にそのようなプログラムを入れてはくれませんでした。

小学生だった私は、小学校の教師になりました。

夏休みの宿題をためていた子どもは、アップデートされないまま締め切り間際にならないと仕事ができない大人になってしまいました。


教師になって、仕事術の本を手にするようになりました。

バリバリと仕事をこなす先輩の姿に憧れたからです。

「よし、これで、やるべき仕事を早く終わらせて、プラスアルファの仕事もバリバリこなすことができるぞ。」と、夢と希望に満ち溢れた思いで本を読み始めるものの、その思いがかなわなかったのは、小学生時代と同じでした。

ただ、今回は友だちの誘いにホイホイのったからではありません。書かれている内容が「朝型のススメ」「整理整頓をしよう」「断る勇気をもとう」といったもので、大人になっても相変わらずカツオくん的な私にとっては実現不可能なものばかりだったからです。

そして、時は流れ、朝型にもなれず、整理整頓ができないのは相変わらずでしたが、教職経験を重ねるごとに、要領よく仕事をこなすスキルを少しずつ身につけていきました。実は、小さい頃から要領だけはよかったのです。（だから、夏休みに宿題をため込むものの、いつもなんとかクリアしていました。）気がつけば、さほど無理することなく、やるべき仕事をこなし、プラスアルファの仕事もこなせるようになっていました。

この本は、「段取りを組んで計画通りに物事を進めることができない」人のために、「段取りを組んで計画通りに物事を進めることができない」人が書いた仕事術の本です。さほど無理することなくスマートに行える仕事術のスキルが詰め込まれています。この仕事術を身につければ、時間に余裕ができ、楽しいお誘いにもホイホイのれるようになることは、この私が実証しています。（もちろん、きちんと段取りができる人が読んでも参考になるはずです。）

それでは、最後まで、よろしくお付き合いください。ではでは……。

もくじ

## 第2章
# スマート仕事術　教室編

### ゴールデンタイム「朝」の仕事

## コアタイム「授業」の仕事

## 第3章

# スマート仕事術　職員室編

# 第 1 章

# スマート仕事術 九つの心得

汝に、仕事をスマートに行う上での九つの心得を授けよう。

1　飛べない豚はただの豚だけど、それでいいと思う

2　完璧超人を目指さない

3　悩む前に飛べ

4　あの人よりマシ…と思ってがんばる

5　自分一人で抱え込まない

6　締め切りがあるから仕事ができる

7　ニンジンをぶら下げて走ろう

8　パワーポーズで自分をやる気にさせる

9　誰かに助けてもらうことを良しとしよう

えっ、何のことかわからんだと？詳しくは本文を読むのじゃ。

# 飛べない豚は
# ただの豚だけど、
# それでいいと思う

## 自分のできないことにこだわらない

仕事ができる教師は、日の出とともに目覚める。

ミネラルウォーターで体の渇きを潤し、お気に入りのジョギングシューズを履いて、いつものように5キロ走る。

シャワーで汗を流した後、極上のコーヒーを一杯味わいながら、仕事に取りかかる。

教材研究。

依頼された原稿の執筆。

その日行う仕事の段取りやＴｏ Ｄｏを確認。

当然、余裕をもって出勤し、登校前の誰もいない静かな教室で、クラスの子どもたちの顔を思い浮かべながら、学級通信を書く。

至福の時間。

これが私の一日の始まりです。

……だったらいいなぁ。

実をいうと、何度か挑戦したことはあります。

もともと低血圧で、めちゃくちゃ朝に弱い私が、一念発起して、鋼の精神力で朝の5時起き。なんとか布団から出たものの、精神力はそこで使い果たし、全く仕事が手につかず。学校に行ってからも、無理やり早起きしたせいか、昼過ぎには眠くなり、心なしか体調もすぐれない。普段なら笑って流せるようなことに対しても、イライラしてしまう精神状態。子どもたちにとってはいい迷惑。

なんとか一日をやり過ごし、帰宅するや否やバタンキュー。

その結果、やるべき仕事もできず、次の日に先送り。

できない教師へまっしぐら。

と、このような愚行を何度も繰り返すうちに、学んだことがこれ。

## 自分には朝型生活はできない

実はそんなこと、最初からわかっていたんですけどね。朝型生活に憧れるあまり、もしかしたらできるかもしれないという思いを断ち切ることができなかったわけです。

できもしないのに「自分はできるかもしれない」と、無理をしていました。そして、その結果、エネルギーと時間を浪費していたというわけです。

できないことに挑戦するのは尊いことです。

ただ、「自分のできないことにこだわりすぎる」のはよくありません。そうではなく、

## 心得1　自分のできることにこだわる

のです。

俵原流仕事術という観点で見てみると、「できないことに挑戦する時間があったら、その時間を使って仕事ができるやん。」ということです。

自分が楽にできる方法で仕事をする方が、結局仕事ははかどります。

神様は豚を飛ぶようには創られませんでした。

飛べない豚はただの豚ですが、それはあるべき姿ともいえます。

まずは、自分のあるべき姿を受け入れましょう。自分のできること、得意なことを意識することで、楽しく仕事に取り組むことができるはずです。

# 完璧超人を目指さない

## 80点主義でいく

もし、あなたの職場に「失敗は許さない。何か一つでもしくじったなら、わかっているだろうな……」と、某悪の組織のごとくプレッシャーをかけてくる管理職がいたら、楽しくお仕事なんてできませんよね。

でも、自分自身に「失敗してはいけない。仕事は完璧にこなさなければいけない。」とプレッシャーをかけている人はたまに見かけます。

### 心得2　完璧超人を目指してはいけません

たとえあなたが小学生の頃、漢字テストは常に100点の漢字完璧少女（もしくは少年）だったとしても、大人の世界で完璧にできることなんて、ほとんどないと言っていいでしょう。まして、あなたが今身を置いている教育という世界は、武藤敬司（プロレスラー）の言う「ゴールのないマラソン」、つまりどこまで行っても終わりがない世界です。

そんな世界で完璧超人を目指すには、即身成仏レベルの修行をする覚悟が必要です。そして、そのような覚悟をもった尊敬すべき先生方は実在します。でも、自分は遠慮しておきます。失礼ながら、この本を手に取っている「段取りを組んで計画通りに物事を進めることができない」読者の方も同様の想いでしょう。

もともと私は、「小学校の教師はちょっと抜けているぐらいの方がいい」という持論をもっています。

自分自身に完璧を求める人は、他人にも完璧を求めがちになるからです。

「なぜ、できないんだ。」

「努力が足りないからだ。もっとがんばれ。」

教師が設定した価値観で、「できたか・できていないか」で子どもを見てしまい、できていない子を追い詰めてしまうのです。このような意識で子どもを見ていると、その子なりに伸びている点があったとしても、見逃してしまいます。その結果、その子の伸びる力を摘んでしまうのです。小学生に完璧を求めてはいけません。

また、教師がちょっと抜けていると、子どもたちがいろいろとフォローしてくれます。意図的に仕組む場合もあれば、結果的にそうなる場合もありますが、子どもたちの自主性が育っていくのです。

当然、完璧な仕事を追求していくためには、それ相応の時間が必要です。

即身成仏レベルの修行をする覚悟があれば己の気力はいくらでもあげることができるかもしれませんが、時間だけは、誰しも一日の上限が24時間と決まっています。完璧な仕事を目指せば目指すほど、そのための時間を使いますので、その分、プライベートや睡眠時間を削ることになります。

ストレスもたまります。

そのような状態で、楽しく子どもたちと接することができるはずありません。

## 100点でなく、80点でいい

と割り切ることで、気持ちと時間の余裕ができ、子どもたちとしっかり向き合うことができるのです。

# 悩む前に飛べ

## 迷わず行けよ、行けばわかるさ

「完璧超人を目指してはいけない」理由は他にもあります。

完璧主義者は、完璧にこだわりすぎるあまり、完璧でない自分を他の人に見せたくないという想いが強いらしいのです。そうなると、完璧にできるという目算がない限りは、第一歩が踏み出せなくなります。

その場に足踏みしているうちに、時間だけが過ぎていきます。

先延ばしの底なし沼にはまり込んでしまうのです。

そして、仕事がたまっていきます。

前項・心得2で述べた通り、最初から完璧を目指す必要はありません。

## 心得3　とりあえず、やる

ということが大切です。

また、私のような完璧主義者でない者も、「なんかめんどくさい。」という怠惰な理由から第一歩が踏み出せないことがあります。

そして、先延ばしの底なし沼に……。

車で一番燃料を使うのは、エンジンをかける時といいます。私のようなタイプの人は、何か踏ん切りをつけない限り、いつまでもアイドリングストップのまま、ダラダラと時を過ごすことになります。そうならないためにも、

## とりあえず、やる

ということがやはり大切なのです。

で、動き始めれば、意外とあとはなんとかなるものです。

いくら崇高な理由があるとしても、やらなければ0点です。

でも、たとえ一歩でも踏み出せば、それが10点になり、20点になります。

0点と10点では大きな違いがあります。

0点は、何倍しても0点。

10点は、8倍すれば80点。つまり、同じことを8回繰り返せばいいのです。（なんと、20回繰り返せば200点。完璧超人を超えることも夢ではない（笑））まぁこれは数字上のお遊びで、リアルな世界では8回繰り返しても80点にならないことの方が多いのですが、それでも、何もやらないよりは何倍もマシです。

実際、動き始めると、それまで気にも留めなかった情報に目がいくようになります。具体的に動いたことによって、意識が高まるのです。

また、中途半端な形で終わっていたとしても、学校現場の場合、最終的には周りの人がフォローしてくれることがほとんどです。例えば私の場合、書きかけの学級通信を机の上に置いたままにしていると、「この間の参観日のことを書いてみたらどう？」だとか、「ここには、こんなイラストを入れたらいいわよ。」などいろいろとアドバイスをもらい、気づいたら学級通信が完成していた……というようなことも昔ありました。

とりあえず、動き出すことで仕事がスタートします。

動き出さなければ、何も始まりません。

# あの人よりマシ…と思ってがんばる

## 心が折れそうな時には死にそうなジャック・バウアーと我が身を比べる

職員室の机の上には、授業の振り返りを書いたノート、計算練習プリント、先週行ったテストなどが所狭しとひしめき合っている。そして、そのほとんどが手つかずのまま。今から丸をつけたり、コメントを書いたりしなければいけない。

時計を見ると、すでに18時。やばい。今日は何時に帰れるのだろう。

そんななか、保健の先生から声がかかる。

「柴田さん、二日続けて休んでいるけど、様子わかりますか?」

「はい、今すぐ電話します。」

続いて、教頭先生からも声がかかる。

「教育委員会に提出する新任研修の報告書の締め切り、月曜までだけど……。」

やるべき仕事が山のようにあり、心が折れそうになる。

そんな時には……。

私は、こう思うことにしています。

## 心得4　ジャック・バウアーに比べればマシ

海外ドラマ「24—TWENTY FOUR—」の主人公であるジャック・バウアーには、24時間という限られた時間のなかで、「これでもかっ！」というぐらい七難八苦の出来事が降りかかります。当然、ゆっくりご飯を食べる暇も、のんびりお風呂につかっている暇もありません。超過酷な状況です。

で、ジャック・バウアーと自分の境遇を比べてみます。

### ジャック・バウアーに比べればマシ

当たり前です。

24時間以内に子どもたちに返さなければいけないノートが山のようにたまっていたとしても、24時間以内に大統領を守るためテロリストの黒幕を探し出すことに比べたら、余裕のよっちゃんです。

しかも、ジャック・バウアーと違い命の危険は一切ありません。(もちろん、向こうはドラマですけど……)

たとえ仕事が山のようにあったとしても、ジャック・バウアーと比べたら、「楽勝じゃん!」と、少しは気が楽になりませんか?

「24―TWENTY FOUR―」のことをよく知らないという人は、他の映画やドラマでもかまいません。(実をいうと、私もシーズン1しか観たことがありません。)「スター・ウォーズ」でも、「アベンジャーズ」でも、「踊る大捜査線」でも、「仮面ライダー」でも、なんでもいいのです。

## ルーク・スカイウォーカーに比べればマシ

と思えば、自分もがんばろう!と前向きな気持ちを取り戻せます。前向きな気持ちを取り戻すことができれば、あとはやるだけです。

「とりあえず、やる!」

動き出すことさえできれば、必ず仕事は終わります。

# 自分一人で
# 抱え込まない

## ほうれんそうで、仕事力アップ

ご存知の通り、「ホウレンソウ」とは、「報告・連絡・相談」の略称です。

仕事を円滑に進めるための基礎基本として、一般企業においては新入社員の研修できっちり叩き込まれるようですが、教育の現場では、「ホウレンソウ」の意識は一般企業に比べて低いように感じます。

特に、小学校の場合、自分のクラスで何かトラブルがあっても、「担任である自分がなんとかしなければいけない。」と、問題を一人で抱え込み、「ホウレンソウ」が後回しになってしまう傾向があるようです。自分一人で解決できれば事後報告でもいいのですが、結局解決できず、一人で抱えきれなくなったあげく、やっと「ホウレンソウ」が行われたということも耳にします。でも、その段階で報告や相談をしても遅いのです。もっと早く報告や相談をしていれば、そのトラブルに対する対処の仕方を教えてもらったり、チームとして初期対応を行ったりすることで、すぐに問題を解決できたかもしれません。

トラブルをこじらせてからの対応は、初期対応に比べて、何倍も時間やエネルギーを使います。「ホウレンソウ」を受けた管理職や周りの先生は、解決のために自分の時間を削ってでも力を貸してくださるでしょうから、結果的に、自分だけでなく、周りの人の時間やエネルギーも大幅に奪ってしまうことになります。

スマートな仕事術とはいえません。

## 心得5　一人で抱え込まない

また、このような、何かトラブルがあった場合の「ホウレンソウ」だけでなく、もっと軽い感じの「ホウレンソウ」も頻繁に行ってほしいと思っています。自分の苦手なことをフォローしてもらおうといった下心ありありの「ホウレンソウ」です。

例えば、あなたがイラストを描くことが苦手な場合、職員室で次のように話しかけるのです。

「学級通信に、イノシシのイラストを載せたいんだけど……。」

あなたの話を聞いた同僚からは、次のような反応が返ってくるはずです。

「それなら、フリーのイラストがこのフォルダーに入っているよ。」

「どんなイノシシのイラストがほしいん？　描いたるで。」

絵心のない自分がイラストを描くよりも質のいいイラストが手に入り、一気に仕事がはかどります。通常の仕事も一人で抱え込まず、自分にできないことは、他の人にお願いすればいいのです。ほんの少し、他の人の時間とエネルギーをいただくことになりますが、ギブアンドテイクで、別の場面で自分の得意なことをおすそ分けすれば、それでチャラになります。

## 持ちつ持たれつのための「ホウレンソウ」も行ってください

「ホウレンソウ」は、上司に対する垂直展開だけでなく、同僚への水平展開も行うのです。そうすることによって、同僚からアイデアやアドバイスをもらえることもあります。より質の高い仕事が、より少ない時間とエネルギーでできるようになるのです。

# 締め切りがあるから仕事ができる

## No締め切り　No仕事

なぜ、夏休みの宿題ができるのでしょうか?

それは、夏休みに終わりがあるからです。

私たちのような計画通りに物事を進めることができない人にとっては、「始業式に宿題を提出しなければいけない」という締め切りがあるから、8月の終わりに「絶体絶命サマーナイト」と叫びながらも、なんとか宿題を終わらせることができるのです。この理屈は、大人になった今も同じです。

## 締め切りがあるから仕事ができるのです

この本を読んでいる人の中には、「いや、そんなことはない。」と言う人がいるかもしれません。確かに、締め切りがなくても仕事ができる人もいます。でも、そんな人は、夏休みの宿題も7月中に終わっていたような人のはずです。まえがきにも書きましたが、この本は、そのような計画通りに物事を進めることができる人を対象とした本ではありません。だから、このまま話を進めます。ということで、俵原流スマート仕事術の心得6は、こうなります。

## 心得6　自分なりの締め切りをつくる

自分なりの締め切りは二つあります。

### 一つ目は、ウソの締め切りです

仕事に対して、余裕をもって取り組むために、ウソの締め切りを設定するということです。例えば、「4月末の締め切り」があるとしたら、「3月末が締め切り」と手帳に書いてしまうのです。もちろん、この締め切りがウソだということは、誰よりも自分がわかっています。それでも、「締め切りは3月末」と手帳に書くことで、「この日までに、やらないといけない」という気持ちになってきます。

## 二つ目は、仕事をスタートする締め切りです

「この日になったら、仕事に取りかからなければならない」という締め切りのことです。私たちのように、段取りを組んで計画的に物事を進めることができない人たちは、できるだけダラダラしている時間を長くもちたいと思いがちです。だから、自分の気持ちに素直でいると、締め切り間際まで仕事に手をつけないということになってしまいます。そうならないために、仕事のスタート時期を決めておくのです。取りかかり始める時期をはっきりさせることで、その日まで安心してダラダラできるというメリットも生まれます。

自分なりの締め切りを設定したら、あとは秘書に告げておくといいでしょう。これで締め切り日が来たら、優しく教えてくれます。

「正仁さま、3月末の原稿の締め切りが迫っています。今日がその原稿を書き始める日になっております。」

残念ながら、私にはそのような秘書を雇う金銭的な余裕はありませんので、もっぱら手帳を秘書代わりにして、自分なりの締め切りを確認しています。

# ニンジンをぶら下げて走ろう

## 自分で自分にご褒美をあげる

何もしなくても明日は来ます。

そして、何もしないままでいると、次の日、自分が困ります。周りの人も困ります。

だから、いくらやる気が出なくても、やるべきことはやらないといけません。そんなことは百も承知。頭ではわかっています。

でも、やる気が出ない。

でも、明日はやってくる。締め切りも迫ってくる。

それならば、強制的にやらざるを得ない状況に追い込むしかありません。

## 自分自身に鞭を入れる

いや、それはちょっと……。どうせやるなら、楽しくお仕事をしたいですよね。

……ということで、俵原流スマート仕事術の心得7は、

## 心得7　自分へのご褒美を用意する

というものです。

仕事により楽しく取り組むために活用したいのが「ご褒美」です。「今やろうとしているお仕事をやり遂げたらご褒美がある」と思うとがんばれるという人は、私以外にも多いのではないでしょうか？

1冊本を書き上げた自分にプロレスのチャンピオンベルトのレプリカを買う（実話）というような大きなご褒美でなくてもいいんです。むしろ普段のお仕事では、小さなご褒美をたくさん用意することをお勧めします。

例えば、五人分の日記にコメントを書いたら、うまい棒を1本食べる……とか。
テストの丸つけが10枚できたら、うまい棒を1本食べる……とか。
子どもが書いた習字を八人分掲示したら、うまい棒を1本食べる……とか。
来月行う指導案の展開が書けたら、うまい棒を1本食べる……とか。
もう、毎日がうまい棒だらけ（笑）。うまい棒1本（ただし、コーンポタージュ味に限る）でやる気が出るなら安いものです。（そうです。私は安い人間です。）

私と違い、うまい棒ではやる気が出ないという人は、自分なりのご褒美を見つけてください。たまにはブランドバッグや海外旅行のような大きなご褒美もいいでしょうが、そうしたご褒美に見合うような大仕事はそうそうあるものではないと思います。

だから、普段のお仕事でやる気を出すためには、

## 仕事を細分化して、小さなご褒美をたくさん用意する

ことが大切になってきます。

お仕事で疲れ切る前に一区切りつけて、ちょっと休憩をはさみ、自分へのご褒美を楽しむのです。

楽しい明日を迎えるために、これであとひと踏ん張りできます。

# パワーポーズで自分をやる気にさせる

## 自分で自分のテンションを上げていく

仕事へのテンションの上げ方が、ただ「自分へのご褒美」のみというのも芸がありません。テンションが上がれば、それだけ仕事も早く終了します。手持ちのカードはたくさんある方が安心です。

そこで、実際の気分はどうであれ、強制的にテンションを上げる私なりの方法をいくつか紹介します。まずは、誰でもできるお手軽な方法。

## 心得8　元気の出るポーズをする

「ワンダーウーマンのポーズ」というものがあります。両足をやや開いて、背筋を伸ばして立ち、胸を張って、両手は腰に添えるといった「ワンダーウーマン」や「スーパーマン」の宣材写真でよく見かけるポーズです。

ハーバード・ビジネス・スクールの社会心理学者・エイミー・カディ氏によると、この

「ワンダーウーマンのポーズ」をすることにより、ストレスホルモンが減少し、やる気を高め不安を抑え込む働きがあるテストステロンというホルモンの分泌が促され、その結果、このポーズを2分間とった人は、自信が溢れ出し、行動力と決断力を発揮できるようになるというのです。「ほんまかいな?」と思いながらも、試しにやってみました。

確かに、胸を張るので呼吸も深くなりますし、背筋が伸びますのでシャキッとした気にもなります。「よし、やろう!」という気持ちになってくるのです。ビヨンセがライブ前に必ずするという気持ちもわかります。

やる気が出るポーズは、なにも「ワンダーウーマンのポーズ」だけではありません。私の場合は、某プロレスラーのポーズをよくやっています。ただ、現時点であなた自身にそのようなパワーポーズがないのであれば、とりあえずこの「ワンダーウーマンのポーズ」をお勧めします。

要は、体を開いたものであれば、どんなポーズでもいいのです。

## 体を開くと心も開きます

パワーポーズのような開放的な姿勢をとれば、気分もポジティブに、ダラッとした怠惰な姿勢になれば、ますますネガティブな気分になっていくのです。気分をポジティブにし、テンションを上げることで、楽しく仕事に取り組めるということです。

元気の出るポーズをする他にも、

- 体を動かす（机の前でじっとしない。ウロウロする。）
- ポジティブな言葉で自分を応援する（「がんばれ、自分！」）
- 音楽を聴く（「ロッキーのテーマ」を聴く。好きなアイドルの歌を歌う。）
- お気に入りの文房具を使う（お気に入りの服を着るでも可。）

などが考えられます。

皆さんも、自分なりのテンションの上げ方を見つけてください。

# 誰かに助けてもらうことを良しとしよう

## 仲間がいるよ！

あなたの得意なことは何ですか？　そして、苦手なことは何ですか？

私が知っている人で、船長をしているにもかかわらず、

「おれは助けてもらわねェと生きていけねェ自信がある！！！」

と言い切っている人がいます。いや、「船長をしているにもかかわらず」ではないですね。むしろその潔さこそが、さすが船長といった感じです。

それに反して、学校の先生、特に小学校の先生は、なんでも自分一人でしなければならないと思い込んでいる人が多いような気がします。一人で抱え込んでしまったあげく、にっちもさっちもいかなくなって、困り果ててしまうのです。

人は一人では生きていけません。もっと他人に頼りましょう。

### 心得９　苦手なことは、それが得意な人に頼む

それが仕事を楽しくこなすポイントです。

そして、仕事を素早くこなすポイントでもあります。


かといって、いつもいつも人に頼ってばかりではいけません。

ギブアンドテイクは、大切です。

「でも、何をすればいいかわからない。」

という人もいるかもしれません。

難しく考えることはないのです。

自分が得意なことをほんの少しおすそ分けすればいいのです。

例えば、パソコンで計算プリントを作ったついでに、隣のクラスの分も印刷して渡すという感じです。

計算プリントを40枚印刷する時間と80枚印刷する時間の違いは、ほんの2、3分です。おすそ分けしなくても、どうせ計算プリントは作っていたのですから、あなたがこのおすそ分けに使った労力は、「3分」ということができます。しかし、計算プリントを最初から作るとなれば、3分でできるものではありません。パソコンが苦手な人なら、1枚の計算プリントを作るのに30分以上かかることもあります。きっと感謝されるはずです。

ただし、万が一感謝されなくてもがっかりしてはいけません。

## 「ついでにできる」「自然な感じ」「決して無理をしない」

ことをおすそ分けするのです。

たった3分ぐらいで、感情をブラックにしてはいけません。

とはいっても、普段からほんの少しのおすそ分けをしていると、仲間の絆は強まります。周りからも予期せぬおすそ分けをいただく機会が増えてきますし、困っていることや苦手なことについては助けてくれます。

そうです。

あなたには、「仲間がいる」のです。

# 第2章
# スマート仕事術 教室編

教師という人種は、子どもたちのことが大好きです。だから、子どもたちに直接関わる仕事については、コストパフォーマンスなんてあまり考えていません。（ソースは俺。）「忙しい、忙しい。」と言いながらも、放課後１時間以上かけて日記の返事を書いたりします。

でも、23000円のステーキが350円の牛丼の66倍美味しいということがありえないように、日記の返事についても、時間をかければかけるほど教育的効果が高くなるということはありません。むしろ、時間をかけない方が教育的効果が高くなる場合もあります。この章では、そのような時間をかけなくても教育的効果の高いスマート仕事術を紹介します。

# 先手必勝
# 朝はとにかく教室で子どもを待つ

## 子どもが登校する前に朝を制して、一日を制す

「自分には朝型生活はできない」と、第1章の最初に宣言しておきながら言うのもなんですが、やはり「朝を制する者は、一日を制する」ことは厳然たる事実です。

でもこれは、なにも「朝の4時や5時に起きて仕事をしましょう。」ということではありません。（できる人はやってください。）私の言う「朝を制する」の意味は、

**朝は、子どもよりも早く、一番最初に教室にいてください**

ということです。

私が勤務していた学校でいえば、8時少し前ぐらいです。

この時間なら、朝型人間でなくても少し意識さえすればできるはずです。朝、出勤したら、そのまま教室に向かえばいいからです。ノートやテストの丸つけが残っていても、職員室でするのではなく、教室でするのです。

教師が、教室で子どもたちを迎えると、いいことが三つあります。

## 一つ目　朝、教室でけんかが起きにくい

朝、職員室で仕事をしていると、息を切らして女の子が駆け込んできました。

「先生、大変です。岡田くんと内藤くんがけんかをしています。」

そして、大急ぎで教室に。朝一番からけんかの仲裁。朝の会までにしようと思っていた仕事は当然できずに、後回し。その後、岡田くんと内藤くんに話を聞き、場合によっては保護者へも連絡。結局、けんかの事後処理は放課後まで続き、仕事はたまる一方。

朝一番にけんかが起きてしまうと、このように、その日一日にやろうと思っていたことがすべて台無しになってしまいます。そのようなことにならないためにも、朝、教室で子どもたちを迎えるのです。

実際、教師が教室にいるだけで、けんかが起きる確率はかなり減ります。また、けんかが起きたとしても、教師がすぐに止めに入ることができるので、大事に至ることはありません。早期発見、早期対応ができるのです。事後処理も最小限で済みます。

## 二つ目　教室をきれいにできる

朝、誰もいない教室に入って、教室を見回してください。

ゴミが落ちていませんか。

「破れ窓理論」という理論があります。小さな犯罪を徹底的に取り締まることで凶悪犯罪などの大きな犯罪を防ぐことができるという環境犯罪学上の理論です。実際、小さなゴミをそのままにしておくと教室にさらにゴミが増えてやがて学級全体が荒れてきます。

だから、朝一番に教室をそうじするのです。

いや、それだったら、子どもが帰ってすぐにそうじしてもいいやん……という声が聞こえてきそうですが、私は断固として朝そうじをお勧めします。

だって、放課後って、教師も疲れているでしょ。

それに、朝、教室をそうじしていると、一番に登校してきた子に教師が黙々とそうじをしている姿を見られることがあります。これって、結構おいしいですよね。

三つ目は……次の項目に続きます。

# 朝一番
# 子どもに声をかける

朝のルーティンで一日を制す

朝、教室で子どもたちを迎えると起こるいいことの続きです。

## 三つ目　宿題などの提出忘れが減る

たわせん学級では、登校したらすぐに、宿題などの提出物を所定の位置に出すという決まりがあります。

ほとんどの子は、朝、教室に入ったら、すぐにランドセルから宿題のノートを取り出して、いつもの場所に提出します。ところが、この決まりを守れない子もクラスに何人かいます。ランドセルを机の上に置くや否や、運動場に遊びに行ってしまうような子です。(ちなみに、私はこのような子どもたちも大好きです。)

朝、すぐに運動場に駆け出してしまう子に対して、職員室にいる限り、教師は何もできません。ところがこの時、教師が教室にいればどうでしょう。

「玉井くん、宿題出してから遊びに行ってな。」

一声かけることができます。かくして、宿題などの提出忘れが減るのです。（もし、宿題をするのを忘れていた場合は、その場で宿題をやらせます。「持ってくるのを忘れた。」といった場合、1回目のみ許します。）

和やかにスムーズに、提出物がそろいます。

朝の会が始まる直前に教室に入り、「宿題を出していない人、起立！」というような教師のイライラした声で始まる朝とは雲泥の差です。

さらにいいことがあります。

## 朝の会が始まる前に、提出物をすべてチェックできる

教師は、提出されると同時に、提出物をチェックすることができます。登校してきた子の宿題から見始めて、8時30分の始業のチャイムが鳴る前にはすべての子の宿題チェックが完了します。20分休みや昼休みに持ち越すことはありません。

若い先生を見ていると、20分休みや昼休みをつぶして（場合によっては放課後まで）宿

題の丸つけや連絡帳の返事書きに取り組んでいる人がいます。子どもたちは、休み時間は先生と遊びたいのです。せっかく子どもたちとつながるチャンスを自らつぶしています。本当にもったいない。

本来、朝、職員室でしていた仕事は、前の日の放課後にするべきなのです。ちょっと仕事を前倒しにするだけです。それだけで、オッケーなのです。

ちなみに、ノートを提出する時には、必ずノートを開いて提出するようにします。ノートを閉じたまま提出されると、宿題をしているページ、丸をつけるべきページがどこなのかわかりません。ペラペラとページをめくらなければいけません。塵も積もれば山となる……で、40冊近くになると、これだけでもそこそこ時間が取られます。

## 開けノートで手間半減

もちろん、ノートを開かずに提出している子にはその場でやり直させます。これも、その場に教師がいるからこそできることなのです。

# 漢字の宿題は**自分で丸つけを**させる

## 教師が楽するためではなく子どもに力をつけるためにさせる

「開けノート」で机の上に置かれたノートに、教師は丸をつけていきます。

誰が出しているかというチェックは後でまとめて行います。手元に来たノートから手当たり次第に丸をつけていくのです。

例えば、漢字の練習ノートの場合、下のように丸をつけます。

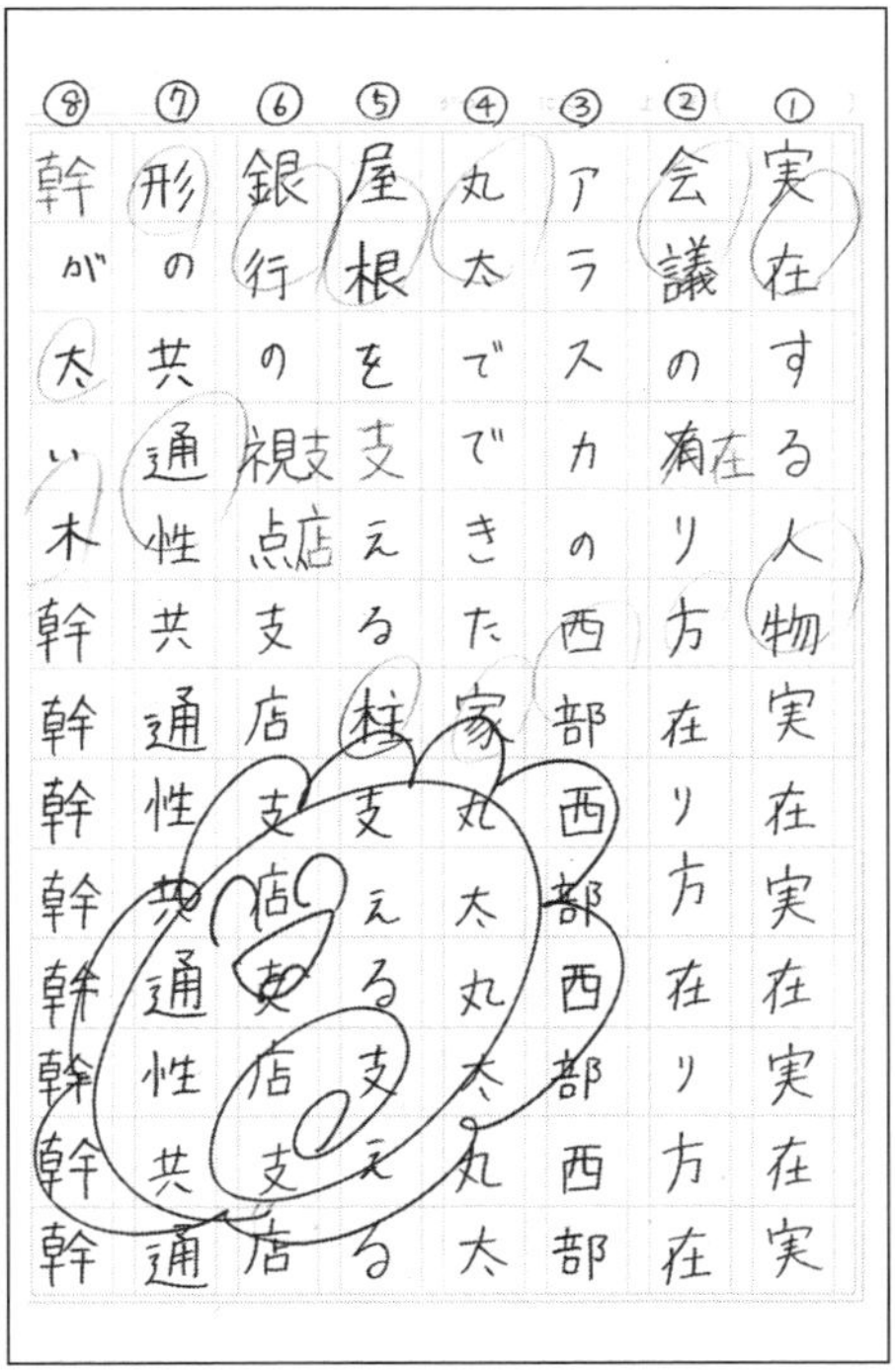


一人あたりにかかる時間は、ほんの数秒。

教師は、花丸をつけるだけだからです。

一つ一つの漢字は、子ども自身で丸をつけさせます。

「高城くん、丸つけを忘れている。丸つけをしてから提出してください。」

丸つけができていない子には、ノートを返します。

これも、その場に教師がいるからできることです。

「なぜ自分で丸つけをするのか」という理由は、学期初めに子どもたちにしっかりと説明します。

「漢字の練習は、必ず自分で丸つけを行ってください。例えば家で、間違った漢字で練習していたとします。自分で丸つけをしていれば、その時に自分の間違いに気づいて、練習し直すことができるでしょ。せっかく一生懸命に家で漢字の練習をしてきたのに、間違った漢字を覚えていたという悲劇を避けることができるんです。」

教育的効果においても、その場で丸つけを行った方がいいのは自明の理です。子どもたちも、このことは理解できます。決して、教師が楽をできるからということではないのです。（むしろ、子どもたちが丸つけを正確にできるようになるまでは、教師が自分で丸つけを行うより時間がかかります。）

「丸つけをし始めて最初のうちは、間違っている漢字に丸をつけていることもあります。だから先生は、君たちが『丸つけをできているかどうか』のチェックをします。漢字の力がついてくると、丸つけもしっかりと行えるようになってきます。」

教師は、子どもたちがきちんと丸つけをできているかどうか見るのです。漢字が苦手な子ほど、間違っている漢字を書いていても丸をつけている傾向があります。細部まで意識することなく、なんとなく見て、なんとなく書いて、なんとなく丸をつけているのです。

もちろん、子どもたちに話した内容は、保護者会や学級通信などで保護者にも伝えます。保護者の中には、自分の子どものノートを見て、その場でやり直しをさせてくれる保護者もいます。それはそれでありがたいのですが、そこまで見てくれる保護者に対しては、

「学校では、子どもたちの力をつけるために、自分で丸つけをさせるようにしています。ご家庭でも、子どもたちのノートを見る機会があったら、子どもたちの丸つけがあっているかどうかを見てください。」とお願いします。

あくまでも、主体は子ども。それをフォローするのが、教師であり、保護者の仕事だからです。

# 計算プリントは2枚同時に丸をつける

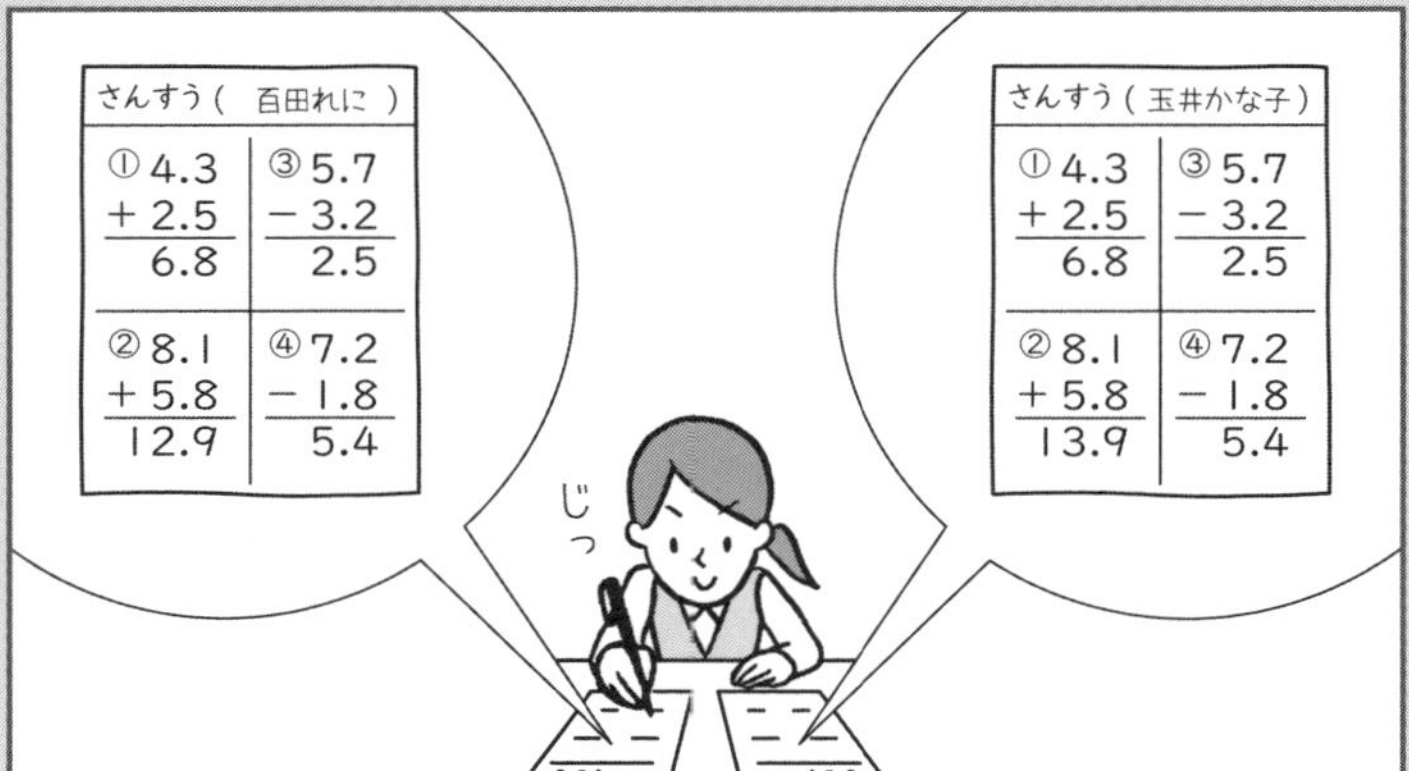

## 双子コーデで、楽々採点

次は、計算プリントの丸つけです。

宿題が計算ドリルの場合は、漢字の練習の場合と同様、子ども自身が丸つけをするようにしています。教師は、丸つけができているがどうか確認してスタンプを押すだけです。漢字と違い、間違っているのに丸をつけているケースはほとんどありませんので、チェックするペースは漢字のノート以上に速くなります。

時間がかかるのは、計算プリントを宿題に出した場合です。この場合、答えを一緒に渡すことはあまりしませんので、答え合わせは学校ですることになります。（夏休みの宿題の場合等は、答えも一緒に渡します。）

計算プリントを学校で答え合わせする場合、二つの方法が考えられます。

一つ目は、子ども自身に丸をつけさせる方法です。

「①24＋15＝39です。」

「あってます。」

計算プリントの①から順番に子どもたち（もしくは教師）が答えを発表し、丸をつけていくというスタイルです。多くの教室で見かけるスタンダードな方法です。この方法で丸つけを行うことに、何の異論もありません。ただ、そこそこ時間は取られます。授業に余裕がある時はいいのですが、きちんと段取りができない教師にとっては、学期末の5分、10分は貴重です。（いや、学期末でなくても貴重です。）

もう一つは、教師が丸をつけるという方法です。

これなら、子どもたちの授業時間を使う必要はありません。

ただ、それでも教師の持ち時間を使うのですから、丸つけにかかる時間は少なければ少ないほどいいことは間違いありません。特に、私の場合、8時30分の始業時間までにすべてのチェックを済ませることをノルマにしていましたので、のんびりと時間を使う余裕はありません。そこで編み出したスキルが

## 2枚同時に見る

というものです。

このように、2枚のプリントの答えを見比べます。二人の子が同じ場所の問題を同じように誤答する可能性は、ほぼありません。だから、二人の答えが一致しているところは正解だろうとみなします。二人の答えが違うところのみをチェックします。そして、その部分の正答を確かめるのです。丸は、最後の問題まで全部見比べてからつけます。一つ一つ丸をつけることもあれば、大きくドーンと花丸をつけることもあります。どちらにしても、丸をつけながらチェックすることはありません。

　慣れてくると、通常の3倍のスピード（当社比）でチェックが終了します。

# 子どもの日記には たった一つの文に 語りかける

## 日記への赤ペンはこう入れる

宿題のチェックで一番時間がかかるのが、日記だと思います。

日記の場合、漢字や計算練習以上に、それぞれの子の想いが入っています。やはり、その想いには応えたいものです。単に丸をつけるだけではなく、コメントを書いて返したいと思うのは、教師なら当然のことでしょう。

それでも、いや、そうだからこそ、「日記を書かせるのはいいけれど、返事を書くのに時間がかかるのよねぇ。」という声を、よく耳にします。

私もそう思っていた時期がありました。

でも、今は違います。

赤ペンが止まることはありません。スラスラと返事が書けるようになりました。

それは、私に類まれなる作文力がついたからではありません。ちょっとしたコツを身につけたからです。

一つ目のコツは、

## 宿題の日記で作文指導を行わない

ということです。「てにをは」や漢字の間違いをきめ細やかに指摘して指導することはしません。ほぼほぼスルーします。作文指導は、国語の時間に行えばいいのです。

私の場合、日記を書かせる一番の理由は、「子どもたちのことを知りたい」ということだからです。どのようなことをして、どのようなことを考えているかを知るために、日記を書かせているのです。だから、多少文法的におかしくても、漢字の間違いがあってもかまわないのです。細かいところまで目を光らせる必要はありません。ザッと読んで書いていることがつかめればいいということになります。これを意識するだけでも、読むスピードは速くなり、日記を見る時間が短縮できます。

二つ目のコツは、

## その子に、呼びかけるように書く

というものです。とりあえず「佐々木さん」と書いてしまうのです。自分の名前が書かれていることによって、教師からの返事はその子自身にあてた特別なものになります。コピー&ペーストではなくなるのです。まず一歩目を踏み出したら、次のコツです。

## 一つの文章に注目する

ピンポイントで一つの文章に注目して、そのことについて返事を書きます。一点突破です。ターゲットは絞れば絞るほど書きやすくなります。例えば、「昨日、ママとクッキーを作りました。」という文章を見つけたら、「佐々木さん、2年生なのにクッキーが作れるなんてすごいね。先生は今でも食べることしかできませんよ。」というように書くのです。そして大きく花丸をします。

これでオッケーです。

ところが、一番返事に困るのが、そのような一文を見つけることができない時や、毎回、同じ内容の日記を書いてくる子への返事です。

そんな時には、裏技があります。(次項目へ続く)

# 子どもの日記に困った時は返事をしない

## 日記の返事に迷ったらその場は逃げる

どのような赤ペンを入れていいのかわからない……そんな時の裏技はこれです。

### 日記の内容と関係のないことを書く

例えば、毎回日記に少年サッカーチームの練習のことを書いてくる玉井くんに対して、花丸を入れた上で、全くサッカーと関係のないことを書き込むのです。

「そういえば、玉井くん、今日そうじすごくがんばっていたね。感動しました。その調子です。」

先生のその子に対するプラスの想いを書いていきます。玉井くんにとっても、毎回同じような返事を書かれるより、こちらの方がよっぽど嬉しいはずです。日記に入れる赤ペンは、必ずしも日記の内容に対応していなくてもいいのです。だから、

「どう返事を書こうかな。」

と迷うことはありません。ノンストップで日記を見ることができるのです。

ただ、そうはいっても、赤ペンが止まることもあります。

日記の内容が子どもの悩みや相談の場合です。

私の場合、朝、教室で日記の返事を書いていることがほとんどです。たいてい、私の周りには何人かの子どもたちが群がっています。私はその子たちと他愛ない話をしながら、赤ペンを入れています。時には、「へぇ、羽生くん、サッカー始めたんだって。」とか「浅田さんの字、いつもきれいだよなぁ。」と話題の一つにすることすらあります。しかし、悩み事相談の日記については慎重に扱わなくてはなりません。

周りの子に見られないように一読した後、ノートを閉じて、横に置きます。

その場で返事を書くことはありません。その場で書くと、他の子に内容が漏れるからです。悩みや相談は秘密厳守です。（とりあえず一読するのは、書いてある内容が緊急に対応しなければならないものかどうか確認しておくためです。）

日記は後でじっくり見直します。

返事は、業間休みか昼休みに、職員室で書きます。コピーをとることもあります。

子どもが書いた以上の量の返事を書くこともありますし、ほんの一言「相談してくれてありがとう。直接お話ししましょう。」と書いて返すこともあります。相談してきた子どもや状況によって変わりますが、共通することが一つあります。

## 先生に相談してよかった

と思える返事でなければいけないということです。だから、最初の言葉は決まっています。

「先生に話してくれてありがとう。」

そして、後の言葉を続けるのです。

ちなみに、自主勉強の場合、原則的にはシンプルに「B」「A」「AA」「AAA」といった評価を入れるのみです。（ただし、凄いがんばりをしてきたような、他の子の参考になるノートについてはコピーして、学級通信などで紹介しますので、赤ペンを入れた後に付箋を貼ったり、別の場所によけて置いたりします。）一人のノートに多くの時間を費やすことはありません。

# 一工夫で提出者のチェックを時短する

## 「俺はここにいる」と、ノートの背中に語らせる

丸つけが終わったノートが机の横に並べられます。

そしてその後、名簿を使って一人一人チェックをしていきます。

このように、丸つけと提出者のチェックを別作業にするだけで、かなりの時間が短縮できます。しかし、さらに短くする方法があるのです。

名簿を使わないで、提出者をチェックする方法です。

神戸市の教師・関田聖和氏から教えていただきました。

### ノートの背表紙に宛名シールを貼る

という方法です。

宛名シールに出席番号と名前を書いて、ノートの背表紙に貼っていくのです。そして、さらに一工夫加えます。この実践のキモがここです。

## 出席番号順に5人ごとのグループ分けを行い、それぞれ色分けをする（例えば、虹色をベースに、赤からスタートし、紫で終える）

こうすることで、いちいち名簿を片手に名前をチェックしなくて済むようになります。

まず、提出されたノートを色ごとにそろえます。5冊あれば、そのグループの提出率は100％ということです。名簿をチェックすることなく、すぐに返却用のかごに入れることができます。

5冊に満たない色があれば、あらためて何番が抜けているか探します。5冊をチェックするだけですから、提出していない児童はすぐにわかります。その番号を名簿にチェックします。

この宛名シールは、宿題用のノートだけでなく、

赤　緑　青…とラベルを色分け
（関田聖和氏提供）

各教科のノート、連絡帳、漢字・計算ドリル、音読カード……様々なものに貼っておくと便利です。

また、「宿題チェック係」という係活動があるクラスでは、係の子に活躍してもらうとさらに時間は短縮できます。「係活動として、教師の下請け的な仕事をさせるなんてけしからん！」という主張もありますが、私は、この件に関しては「どっちでもいい派」です。子どもからこのような係活動がしたいという声が上がれば認めますし、出なかったからといって、教師から勧めることもしません。だから、ある年のたわせん学級には「宿題チェック係」は存在していましたし、ある年には存在していませんでした。

ただし、「宿題チェック係」がある時は、思い切り頼り切っていました。

朝休みの時間、教室の先生の机の横に来させて、私が丸をつけ終わると同時に名前を名簿にチェックしてもらうのです。

完全な分業制。

あっという間に丸つけとチェックが終了。余裕をもって、8時30分を迎えることができていました。

# 連絡帳に時間を取らない

## ていねいに、でも書きすぎない

朝の提出物は、宿題だけではありません。懇談会の出席確認、保健関係の提出物等いろいろあります。そのなかでも、特に気をつけて扱わなければいけないのが、連絡帳です。

朝、教室で宿題の丸つけをしているあなたに、子どもが連絡帳を持ってきたとします。その場合、丸つけをしているその手を止めて、「ありがとう。」と受け取り、周りの子に見られないように一読した後、ノートを閉じて横に置き、丸つけを再開してください。けっして、その場で返事を書いてはいけません。

悩みや相談を書いてきた日記への対応と同じです。

欠席や早退、体育の見学等の連絡の場合、返事を書くのにそれほど時間も取られないと思います。あらかじめ、このように書くという定型文を作っておくことが可能です。

「ご連絡ありがとうございます。見学の件、了解しました。体育の授業は見学しましたが、得点係を手伝ってくれました。国語の時間も、発表をがんばっていました。」

体育の見学の連絡の場合、このように、朝の間に定型文（傍線の部分）まで書いておき、体育の時間が終わった後、時間に余裕がある場合はプラスαを書けばいいのです。

難しいのは、保護者からの相談や苦情の場合です。

例えば、次のような連絡帳です。


いつもお世話になっております。

最近、娘の夏菜子の様子がおかしいので、聞いてみたところ、アキラくんから意地悪をされるので学校に行きたくないと泣きくずれました。

悪口を言われたり、叩かれたりするそうです。

娘の話だけでは、どのような状況かはっきりしませんので先生からアキラくんにも話を聞いていただけないでしょうか。

お忙しいところ申し訳ありませんが、よろしくお願いいたします。


「こりゃ、一大事だ。」

と感じて、夏菜子さんとアキラくんに話を聞き、指導を行い、その経過を連絡帳にていねいに詳しく書く……ということをしてはいけません!!

もちろん、「話を聞き、指導を行う」ことはしないとだめですよ。してはいけないのは、「連絡帳にていねいに詳しく書く」というところです。このような場合、連絡帳ではなく、電話か直接会って話をしてください。

連絡帳は文字として残り、複雑な内容ほど文字で伝えることは難しくなるからです。実際に声を聞いて、顔を見て、伝えるのです。だから連絡帳には、

「ご連絡ありがとうございます。早速話を聞いてみます。詳しいことは、放課後、連絡させていただきます。これからも、何かお気づきの点がありましたら、ご連絡ください。よろしくお願いします。」

という程度でかまいません。これくらいの文章ならすぐに書けるはずです。昼休みなど職員室に戻って（時には、教室で子どもたちに課題をさせている間に）連絡帳の返事書きに取り組んでいる先生を見かけることがありますが、まさに労多くして功少なし。連絡帳に長々とていねいな文章を書くよりも、教師が家庭まで出かけていくという行為の方が、文字だけで伝えるリスクもなく、その子や保護者を大切に思う気持ちを教師がもっていることもより伝わるものです。

# 仕事のお持ち帰りは筋力アップになるだけ（笑）

## お持ち帰りをしない

ビジネス書などによく書かれていることですが、「仕事が早い人は、仕事を後回しにしない」という原則があります。

もちろん、教師の仕事にも、この原則は当てはまります。

ところが、実際にこの原則を意識して実行している教師は、意外と少ないようです。

例えば、ノート指導。

私は若い頃、よく子どもたちのノートを家に持って帰っていました。

子どもたちが授業中に一生懸命書いたノートに対して、ていねいな赤ペンを入れるためです。そうすることが、子どもたちに対する誠意であるという想いをもっていました。

ところが、家に帰った時には、「想い」よりも「眠い」が勝ってしまいます。

結局何もできず、その日はダウン。

手つかずのノートはそのまま学校にリターン。

学校から自宅。

自宅から学校。

重いノートをただ運ぶだけ……という修行のおかげで、腕の筋力だけはつきました。

最近は、個人情報の観点からも自宅にノートを持って帰ることはないでしょうが、その分、放課後遅くまで残ってノートに赤ペンを入れている若い先生を多く見かけるようになりました。

子どもたちがノートを書いているのは、授業中です。

つまり、その指導を放課後にしようとしているのは、「ノート指導を後回ししている」ということになります。その結果、仕事がたまっていきます。

そして、「忙しい、忙しい」と嘆くことになるのです。

では、どうすればいいのでしょうか?

## お持ち帰りをしない

ようにすればいいのです。つまり、授業中に指導も評価もしてしまうのです。

放課後に（または家で）子どもたちのノートをていねいに見て、赤ペンを入れること自体は悪いことではありません。びっしり書かれた先生からの言葉は、子どもたちにとっても嬉しいはずです。

ただし、「子どもを伸ばす」という点からみれば、その場で丸をつけ、評価していく方が効果的です。子どもにとっては、自分の動きがその場で評価されるわけです。二日後に評価されるよりも、子どもたちのなかにスッと入っていきます。二日前のことをほめられても、実感として感じることは難しいです。「よし、今日は会心の授業ができた！」と感じた直後に「今日の授業、とてもよかったですよ。」とほめられた方が、二日後に「この前の授業、とてもよかったですよ。」とほめられるより嬉しいですよね。

大人でもそうですから、子どもならなおさらです。

さらに、場合によってはより良い動きを示すことができます。すぐにやり直しがきき、定着させることもできます。自分の伸びをその場で実感させることができるのです。

では、具体的にはどうすればいいのでしょうか？

次の項目に続きます。

# ノートチェックは授業中に行う

## 早くできた子から、早く見る

理科の時間。子どもたちは、実験のまとめをノートに書いています。

やがて、一人、二人と顔が上がります。

どうやら、まとめが書き上がったようです。

「書けた人は、読書をして待っていてください。」

そして、授業終了の時間がきます。

「ノートを提出してください。」

放課後、提出されたノートに丸をつけるという仕事が残りました。


これが、ノート指導を後回しにする典型的なパターンです。これでは仕事はたまる一方です。次に、授業中にノートチェックをするパターンを紹介します。

どうやら、まとめが書き上がったようです。（ここまでは同じです。）

「書けた人は、持ってきてください。」

早く書けた子のノートからチェックが始まります。

教師の前に、列ができました。教師は、一言声をかけて、赤ペンを入れます。

「ていねいに図が描けています。AAです。ここ、色があるとさらにいいんだけど。」

「もう少し、考察が詳しく書けていると、AAになるんだけどなぁ。時間はまだあるから、がんばってみて。」

教師に一言もらった子どもたちは、自分の席に戻ると、教師から言われた指示に従って、ノートをバージョンアップさせます。

時間がたつにつれて、教師の前の列も長くなってきました。

「この感想よく書けてます。」

「イラストがめっちゃいい。」

列が長くなっても、教師の動きはさほど変わりません。少し短めに一声かけて赤ペンを入れていきます。赤ペンで書かれているのは、「B」「A」「AA」「AAA」といった表記のみです。一人あたりにかけている時間は、ほんの数秒です。一言があるから、教師がノートに書くのは、これだけでオッケーなのです。一時長かった列もみるみるなくなります。

「はい、時間です。まだ先生に見てもらっていない人はノートを提出してください。」

終わりのあいさつの後、提出されたノートは4、5冊。教師はその場で赤ペンを入れ、子どもたちにノートを返します。時間はほんの2、3分。教師の手元には、1冊のノートも残っていません。授業終了とほぼ同時に、ノートチェックも完了です。

どうですか？　このようにすれば、ノートをお持ち帰りしなくて済むのです。

そのポイントの一つが、

## 早くできた子からノートを見る

ということになります。ただし、その際に気をつけることは、待ち時間をできるだけつくらないということです。空白の時間をつくらないための工夫が必要です。

# できれば テストの丸つけも 授業中に行う

## 前提条件がクリアできれば早く見る

ノートだけでなくテストも授業中に丸つけが完了すれば、放課後の仕事がグッと減ります。仕事が早く終わるというだけでなく、できるだけ早く返して間違い直しをした方が、子どもたちへの教育的効果が高いというメリットもあります。

テストの丸つけのポイントも、ノートチェックの時と同じです。

「早くできた子からテストを見る」ということです。

ただし、前提条件があります。

## 試験監督をする必要がない場合

教師が見ていなくても、すべての子が正々堂々と一生懸命テストに取り組むような学級風土があるということです。テストの丸つけをしている時には、教師の意識は子どもたちには向いていません。子どもたちも、教師が見ていないとなると、ズルをしたくなる気持ちが湧いてくるかもしれません。で、その誘惑に負けて、カンニングをしてしまい、ばれてしまう……、教師が試験監督をしておけば、そのような事態にならなかったはずです。放課後に丸つけで使う20分程度の時間を短縮するために、このようなリスクを背負う必要はありません。「自分のクラスの子どもたちは、まだそこまで意識が育っていないな。」と少しでも感じた時には、しっかり試験監督をしてください。そして、テストが終わった後に、ほめるのです。

「先生は、テスト中、君たちの様子を見ていたけど、集中して取り組んでいる姿が素晴らしいと思いました。問題を見ただけで諦めたり、ズルをしたりする子がいません。ズルをしてその場は誤魔化せても、本当の自分の力は伸びていきませんからね。」

前提条件がクリアできている場合、テストが早く終わった子から丸つけを行っていくのですが、テスト用紙をノートと同じように子どもたちに持ってこさせる方法と、教師が取りに行く方法があります。前者の場合、次のような約束が付け加えられます。

「提出する時に、一度席を立ったら、途中で間違いに気づいてもそのまま提出します。」

教師のところにテストを持ってくる途中に友だちの解答がふと目に入り、席に戻って書き直すといったことを防ぐためです。以前、私もこの方法を行っていたことがありましたが、すぐにしなくなりました。何か違和感を感じたからです。それに、テスト中に、できた子がウロウロすることは、まだできていない子にとって集中力を乱す要因にもなります。これもやめた要因の一つです。私は、後者の方法をとっていました。

「しっかりと見直しも終わって、提出してもいいという人は、テストを裏にして読書をしておいてください。先生が集めて回ります。」

読書用の本はあらかじめ、机の中に入れておきます。もちろん、テストの内容に関係のない本です。（戦国時代のテストをしている時に、織田信長の本はダメということです。）テストを裏返している子が四、五人出た段階で、教師はテストを集めに回ります。そして、自分の席で丸をつけます。丸をつけ終わった頃には、またテストを裏返している子が何人か出ていますので、また回収して、丸つけを行います。これを繰り返します。

定期的に、教師が子どもたちの間を巡回することは、子どもたちの緊張感を保つことにもなります。

また、20分程度でできるテストの場合、1時間（45分）で2枚行い、前半の20分で行ったテストを後半の20分で丸つけするという方法もあります。

# 花丸は子どものやる気を伸ばすために咲かす

## たくさん書く子を育てる

「できたか・できていないか」にこだわると、活躍できるのは一部の子のみになります。しかし、「伸びたか・伸びていないか」にこだわると、どの子も活躍することができます。たとえできていなくても、やる気が伸びていれば（やる気さえ伸びれば、そのうちできるようにもなるのですが）、そこを評価すればいいからです。

そして、やる気を評価する一つの目安に、量があります。

「昨日は1ページだったけど、今日は2ページ書くことができた。」

量を意識させると、子どもたちも自分の伸びがはっきりとわかります。だから私は、1学期は質より量を意識しています。がんばれば、自分は伸びるということを子どもたちに実感させるためにも、特に量にこだわるのです。教師は、とにかくたくさん書いている子を評価します。

2年生の国語の時間、あのね帳に、自己紹介の文章を書かせている場面です。

「できた人から、ノートを持ってきてください。」

教師の前に、子どもたちの列ができました。

「なるほど、佐々木さんは唐揚げが好きなんですね。『100こ食べることができるくらいすきです。』か、すごいね。次は、得意なことも書いてきてね。」

一言コメントして、赤ペンで丸をつけます。

次の子は、2ページ書いていました。

「百田さん、好きなことが二つ！2ページも書いているやん。やるねぇ。花丸。」

一言コメントするのは同じですが、一人目の子とは違う花丸を描きました。

「うわぁ、何?それ?」

次に並んでいた玉井くんが反応します。

「玉井くんの得意なものは、サッカーか。『プロになれるぐらいとくいです。』って、そうなの?やるねぇ。」

玉井くんは1ページだったので、普通の丸。

「2ページ書くと、花丸になるんだよ。」

あのね帳を返しました。

「もう一度来てもいい?」

「もちろん。たくさん書いて持っておいで。」

玉井くんは、急いで自分の席に戻りました。

しばらくたって、高城さんが5ページ書いて持ってきました。

「うわぁ、最高記録。花丸、葉っぱ。ちょうちょつき!」

高城さんのノートを見た子どもたちの目の色が変わりました。

このように、授業中にノートチェックすることで、子どもたちの力を伸ばすこともできるのです。

# 作文の評価は、一番オモテに書く

## 作文・感想の赤入れはこうする

原稿用紙に何枚も書いてきた作文や感想文。コメントを書くとしたら、どこに書きますか？

私自身がそうだったのですが、普通は、最後の原稿用紙に書くと思います。400字詰原稿用紙で2枚書いてきたなら2枚目に、3枚書いてきたら3枚目にコメントを書くということです。

ところが、ある年から、私は、作文・感想文のコメントを1枚目に書くようになりました。

下のような感じです。

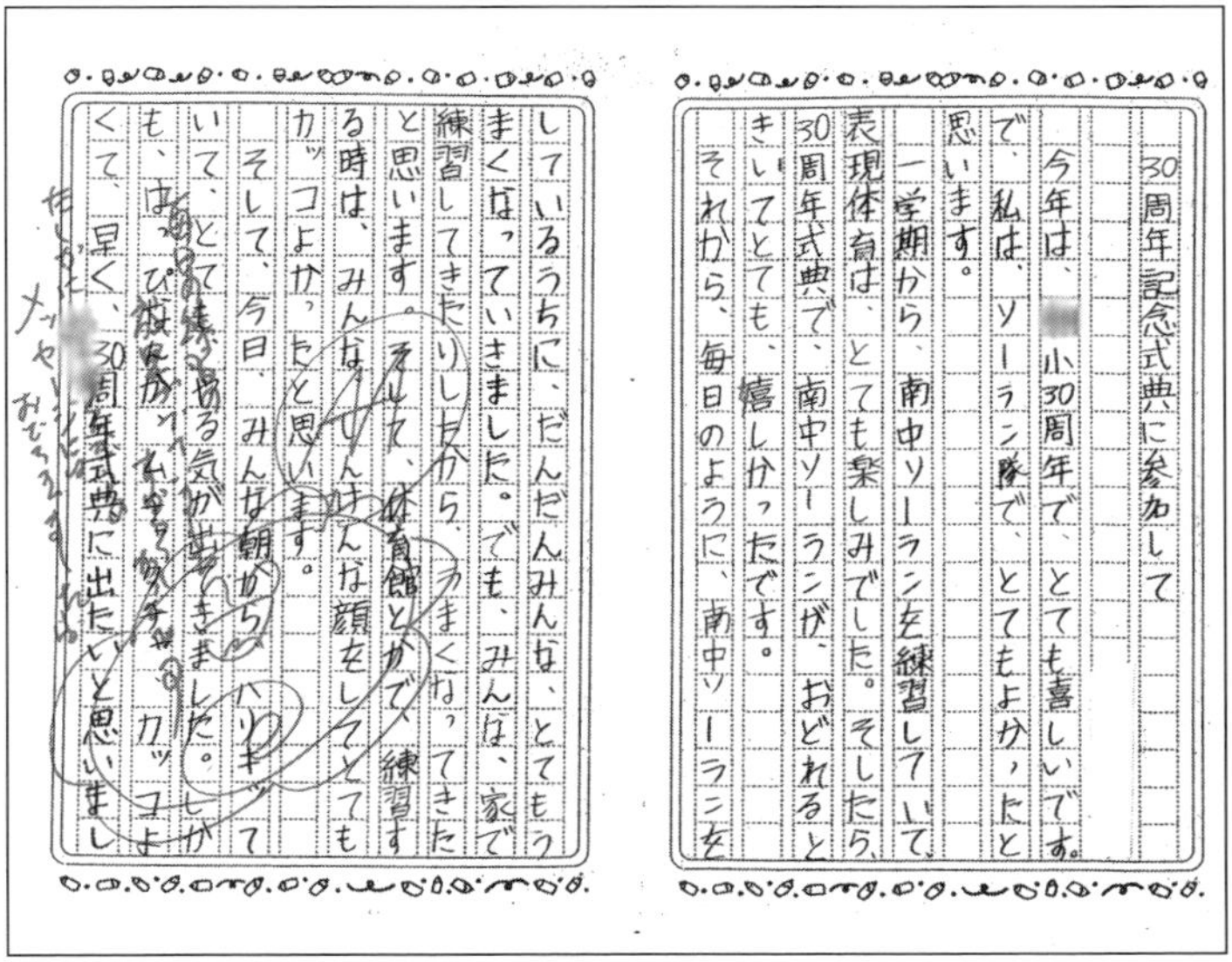

コメントを後ろに書くか、前に書くかというだけで、一見たいした違いはないように感じるかもしれません。が、これが大あり。

まず、子どもたちにとっては、返してもらった時に、自分の作文に対するコメントをすぐに読むことができるというメリットがあります。原稿用紙2枚以上に書いている場合でも、中に書かれているコメントを見るために1枚目をめくる必要がないのです。教師にとっても、めくる必要がなくなることは助かります。

私の場合、コメントといっしょに「A」や「AA」等の作文の評価も書いています。一人一人評価をした後は、記録簿に転記します。その際、1回ごとに原稿用紙をめくるのは、結構手間です。1回あたりにかかる時間は、ほんの数秒ほどです。でも、教師にとっては、この「ほんの数秒」がなくなるだけで、かなり助かります。「ほんの数秒×35人」の時間が短縮されるからです。

「一番オモテに書く」という方法は、夏休みの宿題等のチェック時にも使います。

私の場合、イラストを描くことが好きですので、表紙にイラストをド～～ンと描いて返します。子どもたちは喜んでくれます。イラストが苦手という人は、筆ペンで「よくがんばりました！」と達筆な字を披露してもいいでしょうし、ぴかぴかシールを貼ってもいいと思います。無理をせずにできる自分らしいことでいいのです。この例に限らず、「自分には合わないな」と感じていても、「みんながやっているから」「なんかいいような気がするから」という理由から、がんばってやってしまうことがあります。でも、そうすることでしんどくなるのは自分です。教師がしんどくなると、子どもたちにもそのしんどさは伝わります。負のスパイラルに陥らないためにも、自分らしくやることが大切なのです。

# ながら族で、スピードアップ

## 夏休みの自由研究の赤ペンはこう入れる

9月になると、ほとんどの教室で夏休みの自由研究が掲示されています。そんななか、「これはあかんやろ。」と感じてしまう教室があります。何がいけないのかというと、一人一人の自由研究に教師のコメントが入っていないのです。

夏休み明けが慌ただしいのは確かです。弛んだ空気を吹き飛ばさなくてはいけないし、2学期の係・当番活動も早急に決めねばなりません。夏休みの宿題プリントやドリル等のチェックもあります。そんななか、自由研究にコメントを入れるという仕事はどうしても優先順位が低くなってしまうことはわかります。それでも、コメントは入れるべきです。

ただし、これは「夜遅くまで学校に残ってコメントを入れろ。」ということではありません。実は、簡単かつ効果的にできる方法があるのです。（TOSS代表・向山洋一氏からの学び。）

6年生。夏休みに行ってきた自由研究を一人一人発表している場面です。

「どうしたら速く走れるか調べてみました。２学期には運動会があるので、少しでも速く走るにはどうすればいいか調べてみたいと思ったからです。調べた方法は……」

私は赤ペンを持って、発表者が書いたカードを見ながら、発表を聞いています。

「結局、速く走るには気合が大切だということがわかりました。質問はありませんか？」

一人の持ち時間は、最大５分。この間に、私は発表に対するコメントをカードに書いていきます。一瞬のうちに評価し、コメントを入れていかなければいけません。どうしても思いつかない場合は、その子自身が発表時に話していた工夫をおうむ返しに書いて、「～の工夫がすごい」とコメントする裏技もあります。

「これで、発表を終わります。」

夜遅くまで残らなくても、発表が終わった頃には、前のページのような、コメント入りの発表カードができあがります。

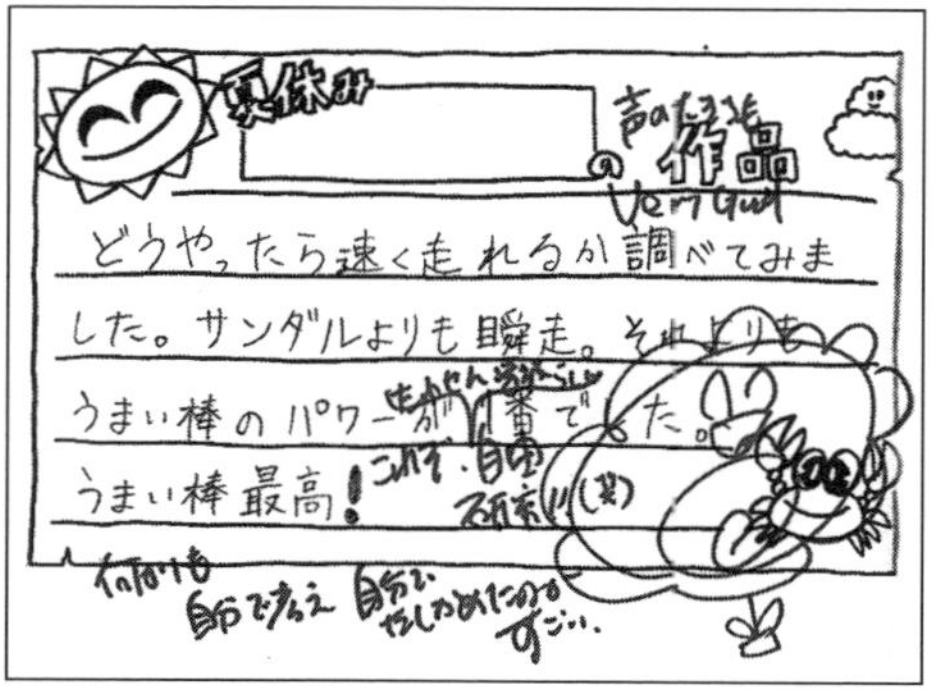

発表者は、発表が終わると、自由研究をまとめた模造紙を持って、教室後方の私の机にやってきます。

「布袋くんならではの発想の自由研究ですね。ネットや本で調べたことをただ写しただけでないというのが素晴らしい。発表の声も大きくて、聞きやすくてよかったです。」

私は一言話して、カードを渡します。発表が終わった直後に一言、二言話すことによって、教師の想いが子どもたちに伝わるのです。1週間後にいくら詳しく話しても、この日の一言ほどは響きません。

発表者は、カードを自分で模造紙に貼った後、教室の背面スペースにその模造紙を掲示します。すべての子の発表が終わった時点で、すべての自由研究に対して教師のコメントが入り、しかも掲示も終わっているという状態になるのです。(低学年の場合、子ども自身で掲示を行うことはできません。教師が放課後に掲示します。それでもカードを渡すところまでは可能です。)

作品の発表と同時に評価を行う。

自由研究の発表以外にも応用できるちょっとした授業の時短スキルです。

# 子どもを早く帰せば、いいこといっぱい

## 放課後の自由な時間を増やす

まだ若かりし頃、職員室に1本の電話がかかってきました。

「6年生のお兄ちゃんが帰ってきているのに、1年生の亜生が帰ってきていないんですが、何かあったのでしょうか。」

1年生の弟が6年生の兄より帰りが遅いのを心配して保護者が電話をかけてきたのです。

「先ほど1年生も下校しましたので、もうすぐお家に着くと思います。もうしばらく待っても帰ってこなかったら、またご連絡ください。」

教頭先生が答えているのを、私は職員室で仕事をしながら聞いていました。

電話を終え、教頭先生は私に話しかけてきます。

「俵原先生、先生とこのクラス、帰すの早すぎるんちゃうか。6年生が1年生より早く帰ってきたら、心配するお母さんがいて当然や。」

早く帰ってきた6年生のお兄ちゃんの担任は私でした。

「すみません。」と、一応謝罪した上で、若気の至りで話を続けました。

「でも、2時30分に5時間目が終わって、一応、終わりの会もして帰っていますから、1年生の○○先生が遅すぎるんですよ。子どもも早く帰れた方が嬉しいに決まっていますし。」

「そりゃ、まぁ、そうやけど……。」

そんな会話をしているうちに、亜生くんのお母さんから「今、帰ってきました。」という電話がありました。教頭先生は、もう少し私に話したいことがあったようですが、私は仕事を再開し、この件は終了。その後、私も成長に伴って周りに多少の配慮ができるようになってくるのですが、それでも、

## 授業が終わると、できるだけ早く帰らせる

というスタンスについては一切変わらず、今に至ります。

いくら学校が楽しくても、子どもたちは早く家に帰りたいのです。家に帰って、自分の好きなことをしたいのです。(塾に行かなければいけないという子も当然います。それでも、早く帰ることができれば、早く帰れた時間だけ、たとえ10分だとしても自由な時間が

できるのです。）

また、教師にとってもいいことだらけです。

会議の開始時間はたいていたい余裕をもって設定されていますから、子どもたちが早く帰れば帰るほど、手持ちの時間が増えることになります。20分もあれば、会議が終わった後にするつもりだった仕事をこなすことができるかもしれません。

会議がない日であれば、他のクラスが下校する時間まで、子どもたちとダラダラ過ごすこともできます。

教室で、テレビやゲーム等の他愛のない話をするも良し、運動場で思いっきり遊ぶも良し。もちろん、帰りたい子は帰ります。残りたい子だけが残るのです。時には、本人、保護者の同意の上で、勉強が苦手な子への個別指導をすることもあります。

あの授業の名人・野口芳宏先生も、担任時代はいつも、学校で一番早く「さようなら」をして、子どもたちが帰っていたそうです。

そのためには、終わりの会のスリム化がポイントになります。

# スリムになると、笑顔になれる

## 終わりの会を合理化する

「スリムになると、笑顔になれる」のは、お年頃の女の子やメタボが気になるおっさんだけではありません。終わりの会がスリムになると、子どもたちの笑顔が広がります。終わりの会がスリムになればなるほど、早く帰れるからです。

授業の名人・野口芳宏先生は、担任時代に終わりの会をしなかったそうです。だから、いつも学校で一番に「さようなら」ができたということです。周りの目を気にして「終わりの会をしない」ことができないチキンな私は、終わりの会をできるだけスリム化することで、子どもたちを早く帰らせることにしました。

ある日のたわせん学級の終わりの会を再現します。

「今から、終わりの会を始めます。係からのお知らせはありませんか?」
「ありません。」
「明日の日番を決めます。」

ここで、くじびき係がくじびきを持って登場。ＢＧＭ係がＢＧＭをスタート。ドラムロールが流れてきます。

「明日の日番は…（くじを引く）…出席番号13番…棚橋くんです。次は先生からのお話です。」

「特にありません。それでは、起立。」

一斉に全員が立ち上がります。

「明日も元気で、さようなら！」

「さようなら！」

終わりの会での係からのお知らせは、ほとんどありません。せいぜい「明日の昼休みに漫才をします。」のようなイベントの確認程度です。これも、詳しい内容についてはチラシやレジメを作って配布していますので、一言のみです。先生からの話も同様です。次の日の連絡については、朝の段階ですでに行っていますので、改めて終わりの会で話すことはほとんどありません。終わりの会で時間を使うのは、明日の日番のくじ引きのみです。

終わりの会の定番である「鈴木くんがまじめにそうじをしてくれません。」というような「みんなに言いたいこと」のコーナーはありません。自分がされて嫌だったから……ということではなく、例えば先にあげたようなことなら、そうじの時間もしくはその直後に言うべきことだからです。終わりの会で告げ口のように言われても、遅いのです。鈴木くんが次の日から悔い改めることはほぼないでしょう。

「がんばった友だちを発表する」というコーナーもしていません。一日の最後は、ハッピーエンドで帰りたいという気持ちには賛同できますが、サッと帰れる方が、子どもたちにとってはハッピーエンドだからです。

終わりの会にかかる時間は5分ほどです。

クラスごとに下校という学校の場合、終わりの会が終了後、すぐに帰らせればいいのですが、学年下校の場合、自分のクラスだけ早く帰らせるわけにはいきません。終わりの会が5分ほどで終わるので、待ち時間が10分ほど（時にはそれ以上）できます。その時間を使って、班対抗しりとり合戦などの楽しいミニゲームを行います。子どもたちはこの待ち時間を歓迎します。終わりの会を終え、帰る用意が早くできればできるほど、みんなで遊ぶ時間が増えるのです。子どもたちの動きもますます速くなります。

# ワークを作らなければ、ワークは早く終わる

## 仕事のコストパフォーマンスを考える

仕事を早く終える方法は、二つあります。

一つは、スキルを高めて、その仕事にかかる時間を短縮することです。

もう一つは、仕事そのものをしないということです。

スキルを高めることは大切ですが、一朝一夕にできるものではありません。それならば、今までやってきた仕事を精査して、しなくてもそんなに効果が変わらないじゃんというものは、どんどんスクラップしていった方が、得策です。

私にとって、その一つがワークシートです。

特に国語の時間は、ノート一択です。

国語の場合、教科書の指導書にワークシートがついているので、作成に時間を取られるということがないのですが、それでも活用することはありません。

次のような理由があるからです。

・ワークシートには、すでに発問・指示が明示されており、授業のなかで子どもの反応によって変更することができない。
・枠があるため、たくさん書きたい子が書ききれない。また、書くのが苦手な子にとってはプレッシャーになったり、余白が多くなり達成感が味わえなかったりする。
・ワークシートをノートに貼るひと手間が、一部の子と一部の教師（私）にとって負担になる。
・印刷するのが面倒くさい。

これだけの理由がそろうと、ワークシートを使うのをやめることは、私にとっては、「しなくてもそんなに効果が変わらないじゃん！」どころか、「むしろやめろよ。」といったものだったのです。

ただし、学年を組んでいる先生から国語はワークシートを使って授業をしたいという申し出があった場合は、学年の歩調を合わせるために使うこともありました。「むしろやめろよ。」ですが、「絶対に、ワークは使わないぞ。」というほどのものではないからです。

でも、やはり「むしろやめろよ。」レベルの仕事ですので、ふだんワークシートを使うことはありませんでした。

## しなくてもいい仕事はしない

ここでいう「しなくてもいい仕事」は、人によって違ってきます。

私にとっては、その一つがワークシートなのですが、逆にワークシートがあった方が授業を行いやすい人もいるはずです。その判断は、自分でしなくてはいけません。自分にとって、そのような立ち位置にある仕事を精査していくのです。

そのための判定基準は、

## クラスの子どもを伸ばすことに対して、コストパフォーマンスが高いかどうか

です。自分にとってコストパフォーマンスが低いなあと思うものは、思い切ってスクラップすることが、スマートな仕事術です。

# 経験値はアイテムで補え

## 教材研究は大切です！だけど……

私が若い頃、毎日ほぼ定時に帰っているベテランの先生がいました。

私は次の日の授業のために、ほぼ毎日、放課後遅くまで残って準備をしていました。

ベテランの先生のクラスの子どもたちは、いつも楽しそうでした。専科の空き時間に授業をのぞきに行かせてもらったこともありましたが、子どもたちがよく考えて、よく発表する活動の多い授業でした。

その先生の授業にに比べて、私の授業はいまいちでした。唯一の救いは、私のクラスの子どもたちもいつも楽しそうだったということです。

「家に帰ってから、教材研究をしているんですか？」

一度、聞いてみたことがありました。

「いや、ビールを飲みながら、テレビで阪神を応援しているだけや。」

予想外（熱狂的な阪神ファンだということは周知の事実だったので、その部分は予想内）の答えに、それならば、毎日遅くまで残ってやっている自分の教材研究のコストパフォーマンスは悪すぎる……と愕然としたものでした。(だからといって、教材研究をスクラップしなかったのは言うまでもありません。)


皆さんも、同じように思ったことはありませんか?

「あの先生は、いつ教材研究をしているのだろう?」

その問いに対する答えはこうです。

「たぶん、教材研究はほとんどしていません。」

別に、その先生をディスっているわけではありません。でも、たぶん正解です。

なぜなら、自分がそうだから(笑)。今風に言うと、「ソースは俺」。

もちろん、一切しないというわけではありません。ただ、日常の授業なら、教科書を見ただけで、授業の展開が思い浮かぶのです。

例えば、「大造じいさんとガン」の授業を行う時、以前、めっちゃ教材研究をして取り組んだ時の授業を思い浮かべて、「あの時、大造じいさんの残雪に対する思いの変化を取り上げたら盛り上がったから、今回もこれでいこう。」と単元構成を組むことができるのです。結局、それまでの経験値がものをいうということです。

では、経験値がない人は、経験値を高めるために毎日遅くまで教材研究をしなければいけないのかというと、「毎日遅くまで」とは言わないまでも、教材研究をし続けていかなければいけないという点は間違いありません。ただ、ロールプレイングゲーム風に言えば、経験値が足りない部分は、装備やアイテムでカバーできることもあります。ここでいうアイテムとは、「先行実践」です。

- 先輩の先生に聞く
- 本から学ぶ
- サークルやセミナーに行く

等を行い、先行実践を手に入れていきます。そして、自分の軸となる型を創っていくのです。例えば、私の場合、国語の物語文を授業にかける時、「主人公の気持ちの変化を問う」ことが多いです。その観点で、教材研究も行います。0から始めるより効率的に行えます。アイテムは、時間を短縮できる魔法の杖でもあるのです。

# 時短の秘訣は時間がある時の下ごしらえ

## 教材研究はまとめて行う

某家電メーカーが、週末に60分下ごしらえをしておくだけで、平日は5～10分程度で簡単に夕飯が作れるというコンセプトのＣＭやレシピを公開しています。（２０１８年５月現在）週末にまとめ買いした食材で１週間分の下ごしらえをして、パーシャルに保存しておけば鮮度長持ち。１週間の食卓が手早くおいしく……というやつです。この「時間の余裕がある時にまとめて行う」というコンセプトは、教材研究にも使えます。

教材研究でいう下ごしらえというのは、

・単元の目標　・児童観（このような子どもたちだから）　・教材観（このような教材を使って）　・指導観（このように育てたい）　・単元構成（単元の流れ）及び評価規準

というようなことでしょう。

そして前日に行う準備とは、

・本時の展開　・板書計画

というようなことになるわけです。指導案の、本時の展開までを週末に。本時の展開以降を前日に行うというイメージです。

で、ここまで書いていて言うのもなんですが、自分はこのような下ごしらえを日常的にできる気がしません。（たぶん、これができるような人は、この本を読んでいないと思います。）パーシャルのCMのような家族が実際に存在しない（少なくとも私の周りにはいない）のと同じです。これはあくまでも、「できたらいいなぁ。」という理想です。

現実的（特にきちんとすることが苦手な人向け）に考えてみます。まず、最初にすることは、下ごしらえのための準備です。

## 自分専用の教科書を1冊購入します

指導書は高いですが、教科書はそんなに高くありません。来年度に使う人のことを考えずに、自由に気楽に使うための必要経費です。

自分専用の教科書が準備できたら、そこに教材研究したことを書き込んでいきます。また、先行実践のコピーも貼りつけます。教科書会社が出している教師用の教科書、いわゆる「赤本」や指導書に書かれていることを転記するだけでもかまいません。実際、赤本を片手に授業をしていると、高学年の子から、「先生なのに答え付きの教科書を使っている」と馬鹿にされることもありますが、オリジナルの赤本を使って授業していると、「先生は、これだけの準備をしている」と、むしろ尊敬のまなざしで見てくれます。たとえ「赤本」の内容を転記しているだけでも、子どもたちにはわかりません（笑）。

このようにして、自分オリジナルの赤本を作っていきます。

自分オリジナルで、自分専用です。自分さえわかればいいのです。ていねいに書く必要はありません。殴り書きで十分です。体裁にこだわる必要もありません。思いついたことをどんどん書き込み、目についた先行実践をどんどん貼っていきます。シャア専用（注ガンダムのキャラになぞって「速いコト」）のごとく指導案を書く3倍以上のスピードでできるはずです。このように、まとまった時間に下準備をしておけば、あとはパーシャル解凍するだけです。日々の授業の準備にも余裕ができるはずです。

# 将来の時短のために今、時間をかける

## 教材研究の時間を捻出する

すでに書いていますが、経験値が高くなると、教材研究にかかる時間は短くなります。ただ、経験値を上げるためには、めっちゃ教材研究をする必要があります。それだけの時間も必要です。

### 教材研究の時間を短縮するために、教材研究に時間をかける

なんだか禅問答のようになっていますが、真理です。

真理とはいえ、学期途中、日々授業が進行しているなかでは、週末にパーシャル解凍の下準備をする時間を取るだけで目一杯のはずです。それでも、自分の経験値を上げるためには、年間一つはめっちゃ教材研究をする必要があります。それは、自分の学校で行っている研究の教科でもかまいませんし、自分が好きな教科でもかまいません。何か一つでいいのです。10年行えば、10の単元のスペシャリストになれます。これって、なかなか凄い

と思いませんか?どこかで時間を捻出してトライしてみてください。

まずは、ノートを1冊用意します。

そして、表紙に単元名を書きます。(↓)

これだけで、一仕事終えたようないい気分に浸れます(笑)。

このノートには、自分の教材解釈、先行実践のコピー、指導案などを貼っていきます。自分専用教科書と同じです。ただ、教科書と違いノートですので、先行実践のコピー等を縮小しなくてもそのままバンバン貼ることができます。また、授業の後の子どものノートや授業記録も貼っていきます。これは、自分専用教科書ではできないところです。

また、A4サイズの封筒やクリアファイルも用意します。とりあえず、関係資料・参考資料を入れておくためのものです。たぶん授業では使わないだろうな……というようなレ

ベルの参考資料も入れておきます。実際に授業で使ったものについては、後でノートに貼ればいいのです。

夏休みなど、少し時間に余裕がある時には、物語文を視写することをお勧めします。視写といっても、実際に写し書きするのではありません。パソコンでＡ４１枚にまとめるのです。（↓）視写することで、物語の一文字一文字に意識がいきます。じっくり、物語文に向き合うことができるのです。また、Ａ４１枚にまとめたものは、教材解釈や授業で実際に使うこともできます。一粒で三度おいしい教材研究です。

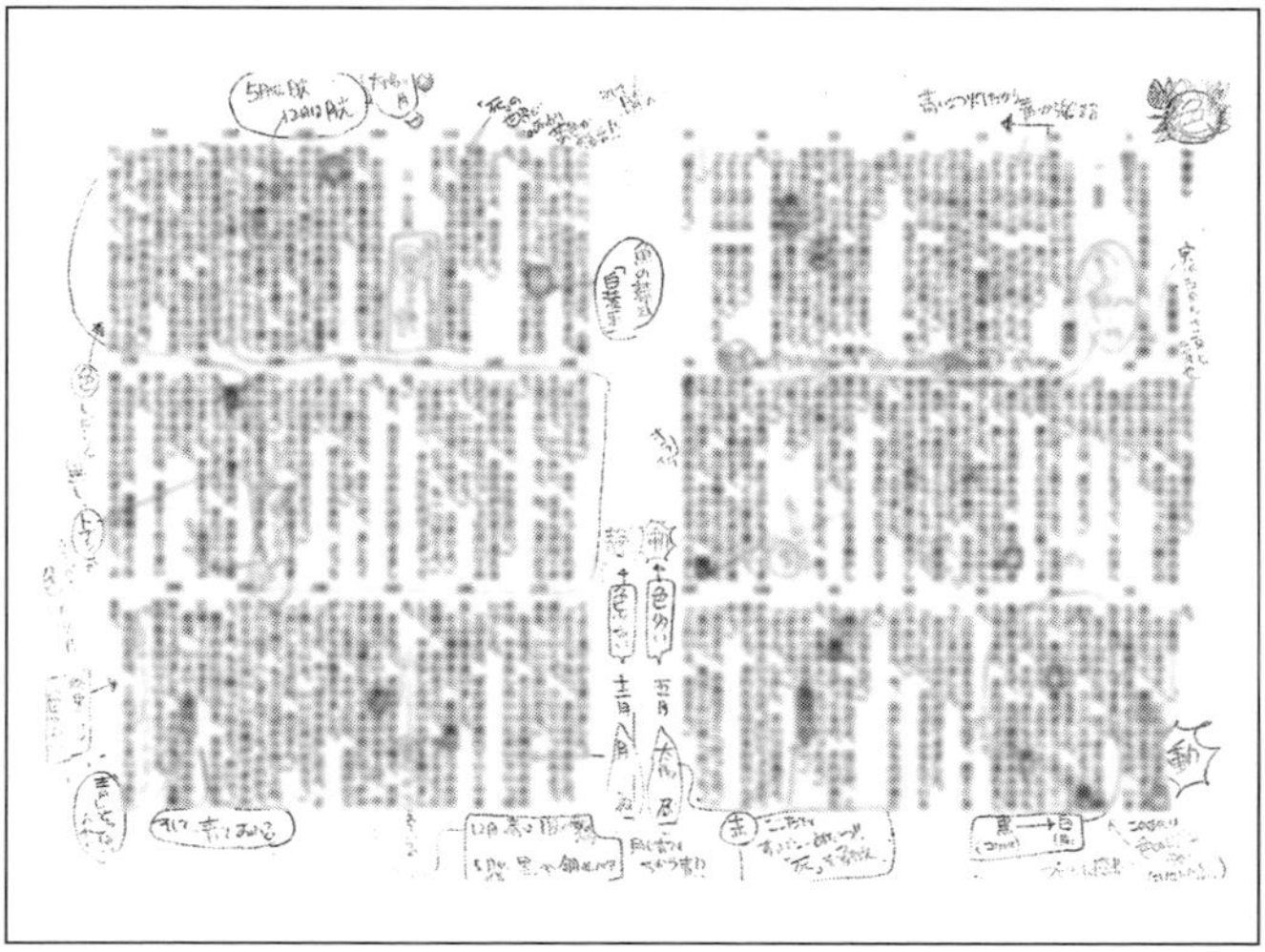

# 鉄を熱いうちに打つように、**メモは即テキスト化**すべし

## 秘密道具・B7サイズのメモを持ち歩く

私は、常にポケットの中に時短のための秘密道具を入れています。

### B7サイズのメモ帳です

当たり前のことを大上段に構えて言わせてもらえば、メモ帳さえあれば、いつでもどこでもメモができるのです。

廊下で、同僚から何か頼まれごとをされることがあります。出勤途中に、たまたま保護者と出会い、子どものことでちょっとした相談をされることもあります。そんな時にも、サッとメモができます。メモさえしてしまえば、（メモを見ることさえ忘れなければ）忘れてしまうことはありません。うっかりしていて、後であたふたすることもなくなります。

特に効力を発揮するのが、子どもたちのがんばりのメモです。記憶がまだ新鮮な授業直後や、給食を早く食べ終わって自分の机に戻った時等に、子どもたちのがんばりをメモしておきます。メモですから、キーワードになる単語を書き連ねているだけです。

真壁　10／30　数直線　説明グッド

このような感じです。このメモが、後々、懇談会や通知表の所見を書く時に生きてくるのです。ただし、メモをメモのまま放置しておいてはいけません。後で有効に活用できるようにするために、大切なことがあります。それは、キーワードで書かれたメモを

## できるだけ早くテキストにしておく

ということです。これは、芦屋市の教師・金川秀人氏から教えていただきました。次のように、テキスト化するのです。

真壁　数直線　説明グッド　↓　小数の乗法では、1より小さい数をかけると積はかけられる数より小さくなることを数直線を使って説明することができました。

通知表の所見欄に書く文章で記録し直します。これをテキストデータにしておけば、後々有効活用できます。個人懇談会の時には具体的な話ができるだけでなく、データになっていれば、そのまま通知表に入力できます。校務の効率化につながります。

ちなみに、「できるだけ早く」の目安は、その日のうちです。メモをしてから時間が経ってしまうと、「真壁くんが『数直線で説明グッド』って書いてあるけど、これ何について説明したんだっけ。」と記憶があやふやになってしまうからです。せっかくメモをしていても、テキスト化に時間がかかってしまえば本末転倒です。

もちろん、子どもの日々の記録は、メモ帳でなくてもかまいません。タブレットでもスマホでもデジカメでも自分に合った秘密道具を使ってください。どのようなツールであっても、記録したことをできるだけ早くテキストにしておけばいいのです。

# 通知表所見に備えて、月に一度は顧みる

## 子どもには毎月振り返りを書かせる

通知表を作成する際、時間を取られるのが所見です。私の知り合いには、日記の返事を書くスピードで所見を書く強者がいましたが、普通の人にそんな離れ業は不可能です。

凡人には凡人のやり方があります。

その一つが、前の項目で紹介した「メモ→テキスト化」といったものですが、手持ちのカードは多ければ多いほど助かります。

例えば、多くの先生も行っている「子どもが書いた振り返りを参考にする」という方法です。学期末には多くの学級で、その学期の振り返りを書かせていると思います。しかし、学期末の振り返りだけでは、不十分なのです。1学期の振り返りの場合、4月にがんばっていたことまで思い出して書く子はほとんどいません。多くの子は、直近にがんばったことを書いてきます。学期末に行っても、ひと月分のデータしか集まらないということになります。

だから私は、ひと月ごとに振り返りを書かせるようにしています。

4月に振り返りを行えば、「入学式のために1年生の教室の飾りつけをがんばったこと」も忘れずに書くことができます。7月に1学期の振り返りを書かせても、決して出ることはない内容です。

振り返りの項目自体は、各教科やそうじ、あいさつ、行事（4月ならば「入学式」）についてて「がんばった度」や「がんばったこと」を記載させるスタンダードなものですが、ちょっとした工夫もしています。「休み時間は誰と過ごしていることが多いですか」と「がんばっている友だちがいれば教えてください」という項目を入れていることです。特に、「がんばっている友だちがいれば教えてください」の項目は、通知表の所見を書く際に、非常に役立ちます。

私の通知表の所見の「決めゼリフ」の一つに、「クラスの友だちも認めるがんばりでした」というものがあります。ここに直結しているのです。例えばこの項目に、「佐々木さん（ダンス）」と書いている子が多い場合、佐々木さんの所見はこうなります。

お楽しみ会では、ニコニコと笑顔で得意なダンスを披露していました。友だちも認める素晴らしいがんばりでした。

懇談会でも使えます。

「佐々木さんは、ダンスが得意なんですよね。クラスの友だちも佐々木さんのダンスは凄いって言っていましたよ。」

教師だけでなく、クラスの友だちからも認められているという話は、保護者にとっても嬉しさが倍増するようです。ニコニコと笑顔で話を聞いてくださいます。

データがあればあるほど、通知表の所見は速く書くことができます。普段からコツコツとデータを集めるのが苦手な教師でも、毎月の振り返りを行っていけば、学期末にはそれなりのデータが集まることになります。たとえ、月末の振り返りを教師が忘れていても、クラスのしっかりしている誰かが「先生、今月は振り返りをしないんですか」と教えてくれます。定期的にデータを集める最強のシステムです（笑）。

# 第3章

# スマート仕事術 職員室編

教師という人種は、子どもたちのことが大好きです。だから、子どもたちに直接関わらない仕事については、できればやりたくありません。（ソースは俺。）でも、やらないわけにはいきません。それもお仕事だからです。そこで、どうせやらないといけないのなら、自分に合った方法でやってみようと考えました。ただ、やらなくてもいいことは、無理してまでやることはありませんでした。「やってもやらなくても明日はくる」のです。（By ももいろクローバーZ　佐々木彩夏【参考】『小１技術』2017年11月号）

この章では、そんな事務仕事が苦手な私が行っているスマート仕事術を紹介します。

# 今日は早く帰ると宣言する

## 有言実行　自らを追い込む

「今日は、定時に帰ります！」

朝、職員室に入ったら、周りの先生方に高らかに宣言してみましょう！

・飲み会がある
・推しているアイドルのライブがある
・ジムで体を鍛える
・蛍を見に行く

早く帰る理由は、何でもかまいません。（むしろ、「理由なんぞない！」と言い切るのもカッコイイかも。）とにかく、早く帰る宣言をするのです。

言ったからには、実行しなければいけません。

まず、職員室でおやつを食べる時間はカットです。一日なら、なんとか我慢できます。

朝の段階で、その日のうちにどうしてもしなければいけないことを考えます。これは、おやつを食べないと誓うことよりも重要です。

「学年だよりを作らないといけないけれど、明後日までに仕上げればいいから、今日はしなくていい。問題行動の件数報告は、確か今日までだったから、これは、絶対しないといけない。テスト作りは、週末に行おう。」

このように、

## 明日行えばいいことは明日に先延ばし

をします。するのが嫌だから先延ばしをしたり、無意識に先延ばしをしたりすることはよくありませんが、このように、意識的に先延ばしをするのは「あり」です。意識している分、次の日、確実に取り組むことができるからです。

で、この日の場合、急いで取り組まなければいけないのは問題行動の件数報告です。これは、学年ごとに問題行動を集約して、教育委員会に報告するものです。このような、各学年から集約する仕事の場合、「いついつまでに指定のフォルダーに入れておいてください」という形で依頼することが多いと思いますが、依頼された方は結構のんびりしていて、集約に時間がかかることがあります。だから、その仕事を早く終えたい場合、私は直接聞いて回るようにしています。

「すみません。今月何か問題行動はありましたか?」

実際に顔を合わせて聞いた方が早いからです。

「そうですか。特になしということですね。では、こっちでそれを入力しておきます。」

今聞いたデータは、こちらで入れておきます…と言うと、相手も一つ仕事をしなくて済むので感謝されます。自分も早く集約できて、まさにウィンウィンです。

そして、朝、宣言しておくと、定時が近くなると声をかけてくれる先生も出てきます。

「今日、早く帰るって言っていたけど、大丈夫?」

なかには仕事を手伝ってくれる先生もいるかもしれません。

実際、仕事の早い人は、このようなことを宣言なしに毎日行っているのです。まずは週に一日でもかまいません。回数をこなすうちに、周りからのフォローがなくても早く帰れるようになるはずです。

# 保護者対応は先手必勝

## 連絡帳の約束を守る

第2章からの続きです。

自分の子どもがいじめられているのではないかと心配して連絡帳で相談してきた保護者に対して、「詳しいことは、放課後、連絡させていただきます。」と書いたあなたは、終わりの会で子どもたちを帰したら、すぐにその保護者に連絡を取らなければいけません。できる限り早くです。

できれば、その子が家に帰りつく前に。（もちろん、保護者が働いている場合は別。）

## 説明が言い訳にならないように

するためにも、早ければ早いほどいいのです。

例えばその日、子どもたちに話を聞いていくなかで、アキラくん以外にも夏菜子ちゃんに対して悪口を言っている子がいたことがわかったとします。

「実は、アキラくん以外にも、夏菜子さんに嫌な思いをさせていた子がいたみたいです。今日まで気がつかず申し訳ありませんでした。きちんと指導をしましたが、これからも様子を見ていきます。何か気になることがありましたら、今回のように連絡していただけるとありがたいです。」

と、教師から先に連絡すれば、保護者も安心し、納得できます。

ところが、教師から連絡が来る前にこのことが耳に入ってしまった場合、教師が電話をかける前に、頭に血が上った保護者から電話がかかってくることもあります。

「先生、アキラくん以外にも夏菜子をいじめていた子がいたそうですね。」

「いや、実は、そうなんです。」

「先生は、いじめを放置しているんですよ。どういうことですか。」

「いえ、その子にも指導を行いました。」

「そんなこと言っても、今まで、うちの夏菜子は……。」

対応が後手に回ってしまうと、教師の言葉はすべて言い訳にしか聞こえなくなってしまいます。

そのようなことにならないためにも、先に動くことが大切なのです。早ければ早いほど教師の誠意を見せることもできます。

また、電話で話すか、家庭訪問をして話すか迷った時は、後者を選んでください。

## 迷った時は、大変そうな方を選ぶ

だからこの場合は、時間も手間もかかる家庭訪問を選択するのです。

迷った時に一番いいのは、尊敬する先生、管理職に尋ねることです。ただ、相談できる人がいつも身近にいるとは限りません。自分だけで決断しなければいけないこともあるでしょう。そんな時は「自分にとって大変な方を選ぶ」ということが判断基準になります。迷いながらも家庭訪問という選択肢が頭に浮かんだということは、何か心にひっかかるものがあったということです。こうした教師の第六感的な感覚は大切にしていいと思います。

何か事が起きた場合、楽な道を選んで大変そうなことから逃げようとすると、さらに事態は悪化するものです。結局その方が、時間も労力もかかった上に、信頼も失うということになります。

# 整理整頓をしない

## できないことはしない

仕事術の本の多くは、整理整頓の大切さを述べています。

机の上が散らかっていると、探し物に時間がかかります。ある統計によると、人は一日10分、一生だとなんと153日分もの時間を探し物に費やしているといいます。その時間を他のことに使えば、すごく創造的な生活ができそうです。

でもね。

整理整頓が大切なことは、かれこれ半世紀ほど前から知っています。

知っているけど、できないから、今の自分、そして、今の机があるわけです。

それにね。

## ちらかっていても、どこに何があるかわかっているし……

わかってますよ。これ、整理整頓ができない人が反論する際のお決まりの言葉だってことも。それを承知の上で、良識ある人の眉をひそめさせることも承知の上で、言わせていただきます。

## 無理して、整理整頓をしなくてもいい

無理なものは、無理。飛べない豚はただの豚だけど、それでいいのです。飛ぶことは諦めましょう。すっぱり諦めて、でも、最低限のことはした上で、整理整頓に使う時間を他に使いましょう。

私がやっている最低限のこととは、

## 必要な書類とそうでない書類を分類する

というものです。職員室の私の机の足元には、段ボール箱が一つ置かれています。（↓）

・行く必要のない研修会の案内
・すでに終わってしまった行事のレジメ
・先月の給食の献立表
・他の学校から送られてきた研究紀要

このような、今後自分が使いそうにないものを、この段ボール箱に無造作に放り込みます。そして、これ以上書類が入らなくなったら、まとめて捨てるのです。

これで必要のない書類まで机の上に置かれていることがなくなります。（整理整頓ができる人にとっては、必要のない書類が一時でも机の上にあること自体考えられないことでしょうが、我々のような者にとっては、気がつけば、必要のない書類が机の上で大きな顔をしているということがよくあることなのです。）

これさえできていれば、必要な書類は最悪でも探せばどこかにはあるということになります。

# 安心のため
# 時系列にファイル
# だけはする

## 机の上は有限なのでとりあえずとじておく

整理整頓はしないといっても、机の上は有限なので、何もせずに書類を置き続けていけば、そのうち机上は必要な書類で溢れてきます。

さすがにそうなると困るので、お片付けが苦手な私でもファイルします。

ただし、きっちりと分類してファイルすることはありません……というかできません。よっぽどの重要書類は別にファイルすることもありますが、それ以外のものは一括して、同じファイルに入れてしまいます。

職員会議での提案文書も研究授業の指導案も、すべて同じファイルにとじていくのです。なかにはとりあえず置いているような書類もあります。それも同じようにとじていきます。お片付けが苦手な私は、なかなか捨てるということができません。だから、整理整頓が得意な人ならスパッと捨ててしまうようなものまでとじています。でも、それでいいのです。その方が、私にとってはストレスなくファイルすることができるからです。

このファイルは、できれば時系列順にとじていきます。

ただし、めんどくさくてファイルすることを後回しにしたという理由（これが結構多い）で、時系列がはっきりわからなくなっている場合は、覚えている範囲で適当にとじます。かなりいい加減です。それが、ファイルを続けることができる秘訣でもあります。

唯一のこだわりは、

**4月の書類は、4月のファイル**
**5月の書類は、5月のファイル**

というように、月ごとにファイルすることぐらいです。

やる気のある年度初めは、まとまりごとにインデックスのラベルを貼っています。このやる気は、だいたい5月ぐらいまで続きます。

それ以降は、ご想像の通りです（涙）。

実をいうと、こうして作ったファイルの中身を見ることはほとんどありません。

だから、インデックスがフェードアウトしても、私にとって、それは反省の材料にはならないのです。（そして、懲りずに次の年も同じことを繰り返すのです。）

最近は、職員会議での提案文書も教育委員会からの出張依頼も、パソコン上のデータでやり取りすることが多いので、いざとなったら検索をかけて、パソコン上で見れば済むことがほとんどだからです。

「それだったら、ファイルせず捨ててしまえば整理整頓もできるやん！」

ということになりますが、そして、実際にそうだということもわかっているのですが、お片付けが苦手な私たち（そう、これを読んでいるあなたも含みます）は、それができないのです。そのような書類を捨てることなく、とりあえず置いておくことで安心するのです。

「いつか、使うかもしれない。」

という想いをもって……。


このファイルと並行して、書類の整理には袋ファイルも使っています。授業関係のものや学年行事の資料が中心です。第２章でも述べた教材研究の資料や、子どもたちのノートのコピー、指導案、校外学習のしおり、運動会の表現運動の資料などをとりあえず放り込んでいるという感じです。

# 来た瞬間にする

## 提出文書は即決処理する

職員室の机には、時々嬉しい書類が置かれていることがあります。

そう、飲み会のお誘いです。

「誰の挑戦でも受ける」という猪木イズムをもっている私は、考えることなく「参加します」に丸をつけ、幹事の先生に渡します。

### 来た瞬間にする

これができるようになってくると、仕事はたまりません。

机の上の書類もたまりません。

でも、机の上に置かれる書類は、飲み会のお誘いのような嬉しいものばかりではありません。目につかないところに移動させたくなる気持ちが起こることもよくあります。それでも、すべての書類を無視することはできません。なかには、本年度の研修計画を立てるといったような時間がかかるものもあります。なので、その場ですぐに決断すればいいようなものならば、来た瞬間に処理すればいいのです。

ところが、仕事をためてしまう人ほど、処理をするのにそんなに難易度が高くない書類まで、後でゆっくり考えようと、とりあえず横に置く傾向があります（私がそうでした）。そして時が過ぎ、期限が迫ってきて、担当から催促をされてから、慌てて行うその決断は、「時間をおいた分だけクオリティが上がっているのか？」といえば、決してそんなことはないのです。私の場合、直感ですぐに決断した時の方が、いい場合が多いようです。教師の第六感をバカにしてはいけません。

## その場で決断する

その場で決断できないようなものだけ、後回しにすればいいのです。そう「明日行えばいいことは明日に先延ばし」するのです。で、実際は簡単に決断できるようなものばかりをその場で処理して担当に渡しているのですが、このようなことでも続けていると、そのうち周りは次のような善意の誤解をしてくれるようになります。

「あの人は、仕事が早い！」

こうなればしめたものです。

締め切りが遅れた時も、「いつも早いのに、遅れたなんて。何か理由があるに違いない。」と（本当はそうではなくても）勘違いしてくれます。

ありがたいことです（笑）。

「来た瞬間にする」といえば、わが師匠・有田和正先生の手紙の返事がそうでした。

研究会に参加させていただいた時に、よくお礼の手紙を書いていたのですが、その返信がすぐに来るのです。

ある時話を聞いてみると、手紙を読む時は、その横にハガキを用意して、読んだ直後に返事を書くとのことでした。また、野口芳宏先生の返信も、有田先生同様に早いです。

きちんとした返事を書かないと失礼だという想い（言い訳）から、つい後で書こうと、意味のない先延ばしをしてしまう自分とは、えらい違いです。

「やはり、仕事ができる人は違う。」と、若き日の俵原は、深く感銘を受けたものでした。

# 制限時間10分、よーいスタート！

## 面倒な仕事も10分だけがんばる

たわせん学級の定番メニューに、あまりのあるわり算プリントがあります。あまりを計算する時に、繰り下がりの引き算をしなければいけないわり算の問題が１００問ならんでいるプリントです。

算数が苦手な子にとって、一気に１００問というのはかなりハードルが高いミッションです。そこで、10問×10セット、1セットあたりの制限時間を10秒という形で行っています。1回あたり10秒なら、算数が苦手な子でも集中して取り組む

**あまりのあるわり算**　名前（　　　　　）

| A | | B | |
|---|---|---|---|
| 52÷7= | … | 52÷9= | … |
| 22÷9= | … | 55÷8= | … |
| 40÷7= | … | 43÷9= | … |
| 12÷8= | … | 20÷6= | … |
| 23÷6= | … | 21÷9= | … |
| 71÷9= | … | 13÷7= | … |
| 60÷8= | … | 22÷8= | … |
| 11÷7= | … | 62÷9= | … |
| 52÷8= | … | 15÷8= | … |
| 80÷9= | … | 35÷9= | … |
| 秒 | | 秒 | |

| C | | D | |
|---|---|---|---|
| 54÷8= | … | 31÷7= | … |
| 33÷9= | … | 62÷8= | … |
| 10÷6= | … | 55÷7= | … |
| 41÷7= | … | 31÷9= | … |
| 17÷9= | … | 50÷9= | … |
| 30÷7= | … | 16÷9= | … |
| 14÷9= | … | 51÷7= | … |
| 34÷7= | … | 11÷4= | … |
| 61÷9= | … | 14÷8= | … |
| 63÷8= | … | 53÷9= | … |
| 秒 | | 秒 | |

| E | | | |
|---|---|---|---|
| 10÷4= | … | 51÷8= | … |
| 26÷9= | … | 21÷6= | … |
| 30÷4= | … | 41÷9= | … |
| 53÷7= | … | 60÷7= | … |
| 13÷9= | … | 44÷9= | … |
| | | 秒 | |

ことができるようです。

そこで、事務仕事が苦手な私は考えてみました。

## 10分ならできる

この10分には、何の根拠もありません。いい年した大人（おっさん）の集中力が10秒というのはさすがにあり得ないだろう。10分ぐらいが、ちょうどいいんじゃないの？という程度の根拠です。

そこで、自分にとってあまりやりたくない仕事やめんどくさい仕事でも、とりあえず10分やってみることにしました。あまりのある割り算プリントは、10秒経ったらそこでストップします。それにならって、こちらも10分経ったら、途中でも終了です。

心の中で叫びます。

「制限時間10分、よーいスタート！」

実際やってみると、これがなかなかいい感じです。

「とりあえず、やる」ことが大切だということはわかっているのですが、いざ実行に移すとなると、なかなか一歩目が出ないということはよくあります。

でも、10分ならやってみようかなという気になるのです。途中でやめてもいいという気楽さも気に入っています。そして、その一歩目を踏み出すことができれば、あとはなんとかなるものだ……ということは、前述した通りです。

「10分」というキーワードでいえば、仕事ができる人は、「10分という細切れの時間」をうまく活用するという話を聞いたこともあります。ちょっとした空き時間でも仕事を見つけて行うのだそうです。

確かに、保育所のお迎えで定時に帰らないといけない先生が、昼休み、職員室に戻ってきたほんの10分ほどの時間も無駄にせず、学級通信や通知表の所見を書いている姿を見かけることが何回もありました。

## 塵も積もれば山となる

10分の時間も無駄にしない……という気持ちが大切なのです。

# 隣の先生と仲良くしよう

## 遠くの名人より近くの先輩を大切にする

「遠い親戚より近くの他人」という言葉があります。

いざという時に頼りになるのは、遠く離れて暮らす親類ではなくて、近所に住んでいる他人であるという意味のことわざですが、教師の世界でも同じことが言えます。

いざという時に頼りになるのは、セミナーや書籍でしか会えない名人教師やカリスマ教師ではなく、職員室で隣にいる先生なのです。

私は、名人教師でもカリスマ教師でもないのですが、ここ数年、ありがたいことに、セミナーで話をさせていただく機会があります。そのセミナーの最後に話す言葉に、

## バーチャルな世界より、リアルな世界を大切にしてください

というものがあります。ここでいう「リアルな世界」とは、実際に自分が勤務している学校のことです。そして、「バーチャルな世界」とは、セミナーや民間教育サークル等のこ

とを指します。わざわざ休みの日に、身銭を切ってまで学びに来るのは素晴らしいことなのですが、その世界が自分の中で最優先事項になってはいけませんよという意味です。

セミナーでは、「年間1000号学級通信を出した」「クラス写真を見ただけで子どものすべてがわかる」といったような、講師の先生の超人的な信じられない逸話を聞くことがあります。そんな話を聞いていると、自分の隣にいる先生が頼りなく感じてしまいます。

でも、決してそうではないのです。

例えば、私が若い頃お世話になった、教材研究もせずに定時に帰って家で野球ばかり観ている先生の、子どもたちへの接し方はお見事でした。引く時は引き、押す時は押す。子どもとの距離感は、近くで体験しないとわかりません。保育所のお迎えがあるので、昼休みも職員室で仕事をしている先生の時短テクニックも参考になりました。

学ぶ気さえあれば、いくらでも学べるのです。「憧れの先生のセミナーで聞いたあの方法以外は認めない」と視野が狭くなった頭では、周りの先生の素晴らしさは見えてきません。それは、本当にもったいないことです。

また、クラスで何か困ったことが起こった時に助けてくれるのも、隣の先生です。あなたのクラスの子どもの様子も、その目で見て、わかっています。アドバイスも実態に即したもののはずです。そして、状況によっては、一緒に保護者対応もしてくれることでしょう。セミナーの講師がいくら素晴らしい人だとしても、あなたと一緒に家庭訪問はしてくれません。まさに、

## 遠い名人より近くの先輩

なのです。

その、いざという時に頼りになる近くの先輩との絆を深めることができるのは、放課後の時間です。子どもたちが帰った放課後は、教師と教師の絆を深める時間なのです。

学年の先生方が力を合わせてがんばることができれば、一人でがんばった時の何倍もの力を発揮することができます。その力は、名人といわれる教師一人の力を凌ぐほどです。

だから、リアルな世界を大切にしましょう。

真剣な教育論を語るのもいいですが、バカ話にも花を咲かせましょう。飲み会では大いに騒ぎましょう。隣の先生と仲良くしましょう。教室では、子どもたちに「友だちと仲良くしましょう。」と話しているのですから。

# 24時間、教師でいよう

## 教師としてのアンテナを働かせる

その昔、「24時間戦えますか?」という栄養ドリンクの宣伝がありました。かつて日本では、「長い時間よく働く」ことが美徳とされていたのです。でも、今はそんな時代ではありません。教師の長時間労働、いわゆるブラック労働も話題になっています。

このような時代背景を理解した上で、あえて言います。

### 24時間、教師でいましょう

これは、プライベートな時間をすべて使って、学級通信を書いたり、教材を作ったり、ノートにていねいなコメントを書いてください……ということではありません。(そのようなことは、私にもできません。)24時間中、教師らしい服装をして、教師らしい立ち居振る舞いをしましょう……ということでもありません。(さらにできません。)

そのようなことではないのです。

私が言いたいことは、

## 常に、教師としてのアンテナを動かしてください

ということです。

例えば休日、家でぼーっとテレビを観ている時、「このお笑い芸人、クラスで話題になっていたな。」ということが頭をかすめることってありませんか。子どもたちの間で流行っている芸人、歌、ゲームなどを知っていると、子どもたちとの距離が、グッと近づきます。また、クイズ番組は、授業で使えるネタの宝庫です。私自身、「クイズ$ミリオネア」や「ネプリーグ」、「Qさま!!」等から、ずいぶんパクらせて……いや……インスパイアされました。テレビだけではありません。読書、映画、プロレスにライブ。意識して周りを見てみると、子ども理解や授業に役立つ情報がゴロゴロ転がっています。自分の趣味とリンクさせながら、楽しく情報収集すればいいのです。

わが師・有田和正先生がそうでした。目に入るもの、全て教材に直結しているのです。一度、秋田の曲げわっぱの工房見学に同席したことがあります。講演会の次の日、プライ

ベートな時間です。目をキラキラさせて、次から次へと職人さんに質問をされていました。楽しそうに授業のネタを仕入れている有田先生の姿は、まさに「24時間教師」でした。

極めれば、有田先生のように、教師として24時間楽しく仕事に取り組めるのです。

## 教師としての人生を楽しむ

質的には有田先生に及ばなくても、そのような気持ちで日々を過ごすことは誰にでもできるはずです。自分がそう決めればいいのです。教師ほど、人に感動を与え、自分も感動できる職業はありません。教師修行に励んでください。でも、眉間にしわをよせながら行うだけが教師修行ではありません。のんきでいることも修行のうちです。笑顔の教師が笑顔の子どもを育てていくのですから、教師の気持ちに余裕があることは、ある意味教材研究より大切なことなのです。

このように、常に教師としてのアンテナを動かしていると、いつの間にか、子どもたちへの話題や授業のネタが大量にストックされています。プライベートな時間が、普段の子ども理解や教材研究に生きてくるのです。最高に最強の仕事術です。

# 最終奥義炸裂!!

## ……というか裏話

あなたは現在、どんな大人ですか？

私は、「依頼された1週間前には、原稿をすべて終わらせるぞ。」と、夢と希望に満ち溢れた思いで執筆依頼を引き受けるものの、編集者から「そろそろ締め切りが近づいてまいりましたので、ご様子もうかがいたくメールいたしました。」というメールをもらい、締め切り間際に大慌てするというルーティンをいまだに繰り返しているダメな大人です。

特に、今回はこれまでの数々のルーティンのなかでも、俵原史上最大のピンチでした。

ここだけの秘密（どこだけの秘密や！）なのですが、その４日前に、同様のメールが他の編集者からも届いていたのです。もちろん、そちらの方もほぼ手つかず状態。

そうなんです。大人になると、いろいろなところから夏休みの宿題がやってくるのです。

さすがの私も、子どもの頃のように

「週末の土曜日曜に40ページずつ書けばできあがる。楽勝やん！」

とは思いませんでした。

大人になると、自分の力量もわかってきます。集中できる時間が10分強の自分に、一気に80ページ以上も執筆できる○○先生のような芸当ができるはずありません。

まさに、絶体絶命のワニシャン状態（締め切り間際にもかかわらず、やるべき仕事が山ほど残っている状態・ある分野での業界用語）です。

・計算プリントは2枚同時に丸をつける
・子どもの日記にはたった一つの文に語りかける
・ノートチェックは授業中に行う
・ながら族で、スピードアップ
・保護者対応は先手必勝

本書に書かれているような仕事術のスキルは、原稿執筆時には使えません。

しかし、私には最終奥義がありました。

威力は抜群ですが、その反作用も半端ありません。自らの執筆人生を終わらせるかもしれない大技です。しかし、背に腹はかえられません。迷っている時間もありません。

たとえこの身が滅びても、この本は完成させなければならぬ……覚悟を決めて、私は返信しました。

「すみません。ほんの少ししか進んでいません。」

心優しい編集者は、私のこのメールに対して最高のリアクションを返してくださいました。な・な・なんと、締め切りを延ばしてくれたのです。

## 最終奥義　正直に謝り、お慈悲をいただく

この最終奥義のおかげで、本書は完成しました。

最後になりましたが、出版にあたりご尽力いただきました明治図書の佐藤智恵さん、素敵なイラストを描いてくださった木村美穂さんに感謝します。今回はうまくいきましたが、最終奥義が通用しないこともあります。佐藤さんが心の広い素敵な大人で本当に良かったです。

ありがとうございました。

著者　俵原正仁

**【著者紹介】**

俵原　正仁（たわらはら　まさひと）

1963年，兵庫県生まれ。

通称“たわせん”。

兵庫教育大学を卒業後，兵庫県公立小学校勤務。

新任の頃，「教室を学校のワンダーランドにしよう！」と，ある教育雑誌に論文を書き，良識ある先輩に失笑されるが，この「教室ワンダーランド化計画」は，その後，若干形を変え，「笑顔の教師が笑顔の子どもを育てる」という「笑育」なるコンセプトに進化。現在，笑顔あふれる学級づくり，学校づくりに奮闘中。座右の銘は，「Goal は，Happyend に決まっています」。

主な著書に，『博愛―ホワイト学級づくり　正攻法で理想に向かう！　クラス担任術』（明治図書出版）『教師は見た目で９割決まる！』（学陽書房）等がある。教材・授業開発研究所「笑育部」代表。好きなお寿司は，コーン。

〔本文イラスト〕木村　美穂

段取り・計画が苦手！だから…仕事は要領！

無理なくデキる教師になれるスマート仕事術

2018年９月初版第１刷刊 ©著　者　俵　原　正　仁
発行者　藤　原　光　政
発行所　明治図書出版株式会社
http://www.meijitosho.co.jp
（企画）佐藤智恵（校正）粟飯原淳美
〒114-0023　東京都北区滝野川7-46-1
振替00160-5-151318　電話03(5907)6703
ご注文窓口　電話03(5907)6668

＊検印省略　組版所　株　式　会　社　カ　シ　ヨ



Printed in Japan　ISBN978-4-18-222611-3